Schleswig-Holstein
mit dem Wohnmobil

Wohnmobil und norddeutscher
Charme – eine perfekte Symbiose!

Marion Landwehr

SCHLESWIG-HOLSTEIN MIT DEM WOHNMOBIL

Die schönsten Routen zwischen Flensburg und Lübeck

BRUCKMANN

↑ Die Deiche sind bevölkert von Schafen – ein Markenzeichen des Bundeslandes. ↓ Mölln ist die Till-Eulenspiegel-Stadt.

INHALT

WILLKOMMEN IN SCHLESWIG-HOLSTEIN

… oder, wie der Norddeutsche sagt, einfach »moin«: moin an den beiden Meeresküsten, moin im abwechslungsreichen Binnenland, in den bezaubernden Städten und auf den schönen Inseln.

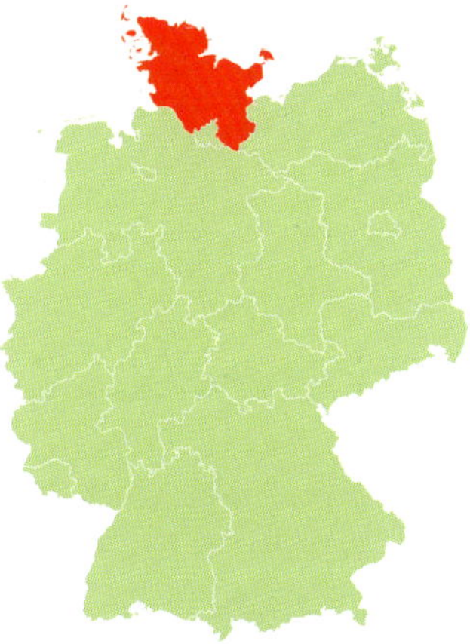

Das nördlichste Bundesland

Der hohe Norden der Republik ist nicht nur mit der Nord- und der Ostseeküste gesegnet. Eine unendliche Weite, eine abwechslungsreiche Flora und Fauna, die stets leichte bis auch mal stärkere Brise, ein ganz besonderer Menschenschlag und charmante Städte machen den Reiz dieses Bundeslandes aus, das trotz aller Attraktivität immer noch wie ein verträumtes Juwel wirkt. Dabei kommen weder Landschaft noch Kunst und Kultur zu kurz – im Gegenteil: Es passen gar nicht alle Eindrücke in nur eine Reise.

Nationalgericht

Fischbrötchen in allen Variationen und Ausführungen sind Grundversorgungsmittel Nr. 1 in Schleswig-Holstein.

Erscheinungsbild

Das zweitkleinste Flächenland Deutschlands wird umrahmt von der Nordsee im Westen, der Ostsee und Mecklenburg-Vorpommern im Osten sowie Hamburg und Niedersachsen im Süden. Und im Norden? Endet Deutschland und Dänemark schließt sich an.

Architektur

Zwei augenscheinliche Merkmale prägen die norddeutsche Architektur: reetgedeckte Häuser und Backsteingebäude. Beides ist sehr schmuck anzuschauen.

Ebbe und Flut

Während die Nordseeküste charakterisiert ist durch die Gezeiten und infolgedessen die Nordsee regelmäßig »weg« ist, fallen Ebbe und Flut an der Ostsee weit weniger deutlich aus, da die Ostsee fast ein Binnenmeer ist.

Charmante Städte

In Schleswig-Holstein gilt keinesfalls, dass Großstädte nicht hübsch sein dürfen. Selten präsentiert sich eine Landeshauptstadt so schick wie Kiel mit dem schmucken Hafen, der Altstadt und der Kieler Förde. Auch die nördlichste Stadt Deutschlands, Flensburg, hat viel mehr zu bieten als nur den Punkte-Sündenkatalog der Verkehrs-Rowdies. Und dann ist da natürlich Lübeck mit den Bauten im Stil der Backsteingotik. Das berühmte Holstentor ist der prominenteste Vertreter.

Höchste Erhebung

Ein Bayer wird darüber lächeln, aber der höchste – na ja – Berg Schleswig-Holsteins ist mit 167,4 Metern der Bungsberg bei Schönwalde.

Ein paar Superlative

Der Nord-Ostsee-Kanal zwischen Brunsbüttel und Kiel-Holtenau ist die meistbefahrene Schifffahrtstraße der Welt. Das Bundesland verfügt über 1105 Kilometer Küstenlinie. Fehmarn ist mit 179 Quadratkilometern die größte Insel. 10 000 Tierarten leben im Nationalpark Wattenmeer.

Schafe, so weit das Auge reicht!

Man könnte meinen, in Schleswig-Holstein leben mehr Schafe als Einwohner. Fast 200 000 sollen es sein und sie stehen nicht nur dekorativ auf den Deichen – das tun sie nebenher auch –, sondern sie sind arbeitstechnisch recht ausgelastet mit Küstenschutz, Landschaftspflege, Umwelt- und Naturschutz.

Dom in der Inselstadt
Ratzeburg

»MOIN« IM HOHEN NORDEN

Schleswig-Holstein entschleunigt. Es sind nicht zuletzt die beiden Meere und die offene, weite Landschaft, die zu einem genussvollen Aufenthalt beitragen.

Häufig kommt man an Windmühlen vorbei, hier die Farver Mühle.

Die endlose Weite, das saftige Grün, die beiden Meere, die gemütlich wirkenden Schafe und letztendlich sogar der fast immer präsente Wind sind Faktoren, die uns innehalten und zur Ruhe kommen lassen. Beim Betrachten der grasenden Schafe kann man die Seele ebenso baumeln lassen wie beim Drachensteigenlassen, beim Wandern durchs Watt mit dem warmen Schlick unter den Füßen oder bei einer Radtour entlang der Deichkrone – auf der einen Seite das Meer, auf der anderen die offene, weite Landschaft. Aber auch im Binnenland mit den zahlreichen Seen, den unterschiedlichen Naturschutzgebieten, dem Marschland und charmanten Städten mit historischen Stadtkernen lässt es sich herrlich verweilen.

»SCHLESWIG-HOLSTEIN. DER ECHTE NORDEN«

… so lautet der Slogan des nördlichsten Bundeslandes. Was ist wichtig zu wissen vor einer Reise nach Schleswig-Holstein, damit man diesen »echten Norden« auch richtig kennenlernt? 2,9 Millionen Einwohner leben dort und 245 000 davon in der Landeshauptstadt Kiel, das ist zugleich die größte Stadt im Land. Was die Bevölkerungsdichte anbelangt, so liegt Schleswig-Holstein mit 184 Einwohnern pro Quadratkilometer deutlich unter dem Bundesdurchschnitt. Die Landesfläche beträgt 15 800 Quadratkilometer. Wasser ist ein zentrales Thema des Bundeslandes, das zwischen zwei Meeren liegt: Die gesamte Küstenlänge beträgt 1190 Kilometer, die Fließgewässer sind 32 000 Kilo-

meter lang und die Seen beanspruchen eine Fläche von 28 000 Hektar. Die größten Seen sind der Plöner See, der Selenter See und der Große Ratzeburger See. Mit dem Nord-Ostsee-Kanal befindet sich außerdem die meistbefahrene Wasserstraße der Welt in Schleswig-Holstein – mehr befahren also als der Panama- und der Suezkanal! Die Inseln Fehmarn, Sylt, Föhr, Nordstrand, Pellworm, Amrum und Helgoland gehören zum Bundesland.
Einen weiteren Superlativ verdient sich das Radverkehrsnetz: Mit 6000 Kilometern rangiert Schleswig-Holstein deutschlandweit auf Platz 1. Der Tourismus des beliebten Urlaubslandes prägt als Wirtschaftsfaktor Leben und Arbeit der Bevölkerung. Schleswig-Holstein ist das einzige deutsche Bundesland, in dem zwei nationale Minderheiten und eine Volksgruppe leben, nämlich die dänische Minderheit, die friesische Volksgruppe und die deutschen Sinti und Roma.

TYPISCH NORDDEUTSCH

Ein paar charakteristische Merkmale des nördlichsten deutschen Bundeslandes wurden nun schon genannt – es sind aber sehr viel mehr, die Schleswig-Holstein auszeichnen: Die schmucken Leuchttürme, meist in rot-weißem Ringellook gehalten, wachen über malerischen Häfen. Insgesamt 60 Leuchttürme stehen an der Nord- und Ostseeküste Schleswig-Holsteins, davon sind noch rund 50 in Betrieb. Kilometerlange Strände mit weißem Sand erhalten Farbkleckse durch die Strandkörbe, die in Reih und Glied oder auch mal völlig durcheinander den Strand bereichern und – nebenbei bemerkt – ihre absolute Berechtigung haben. Denn sie sind nicht nur schön anzusehen, sondern bieten an manch stürmischem Tag auch einen idealen Ort, um die Naturgewalten windgeschützt zu betrachten.
Auch die Architektur ist eine besondere: Ein Blickfang und urtypisch für das Bundesland

»Pötte Gucken« kann man beispielsweise in der Kieler Förde.

sind die reetgedeckten Häuser. Reet bezeichnet getrocknetes Schilfrohr, das zur Dacheindeckung verwendet wird. Reetdächer haben einen großen Dachüberstand und gelten als atmungsaktiv und witterungsbeständig. Sie sorgen für ein gutes Raumklima und das chemisch wenig behandelte Schilfrohr ist allergikerfreundlich. Auch Windmühlen, ein weiteres Symbol Schleswig-Holsteins, haben oft Reetdächer. Über 100 Windmühlen zieren das Bundesland und man kommt meist ganz unverhofft an einem solchen Schmuckstück vorbei.
Prominenter Vertreter der Backsteingotik ist das Holstentor in Lübeck (siehe Tour 1). Mit Backsteingotik ist das dekorative Bauen mit Backsteinen gemeint. Auch der Kirchenbau in Schleswig-Holstein ist geprägt von der Backsteinarchitektur aus der Zeit der Romanik und der Gotik. Backstein wird oft »der rote Baustoff der Hanse« genannt. Er gab der Hanse jahrhundertelang ihr Gesicht und hinterließ eindrucksvolle Bauwerke. Mit diesem Baustoff konnten standfeste Mauern, mächtige Kirchen und wehrhafte Burgen errichtet werden. Auch heute noch prägt der Backstein das Bild der Städte in Schleswig-Holstein.
Und nicht zuletzt sind Schiffe ein Markenzeichen Schleswig-Holsteins. Ob Tretboot, Segelboot, Jacht, kleine Fußgängerfähre, Autofähre oder Ozeanriese – man begegnet auf den Flüssen und den Meeren allem, was die Schifffahrt zu bieten hat. Hierfür sind natürlich auch Häfen vonnöten und auch davon hat Norddeutschland einige zu bieten, von höchst pittoresken kleinen Museumshäfen über bunte, mediterrane Stadthäfen bis hin zu den Übersee-Kais, an denen Kreuzfahrtschiffe und Ozeanriesen anlegen.

WELTNATURERBE WATTENMEER

Betrachtet man die Natur Schleswig-Holsteins, so kommt man nicht umhin, das Wahrzeichen des Bundeslandes zuvorderst zu nennen: Das von der UNESCO als Weltnaturerbe ausgezeichnete Watten-

↓ Ebbe und Flut gibt es …

↘ … im Nationalpark Wattenmeer.

Dünenlandschaft mit feinem weißen Sand

meer erstreckt sich auf einer Fläche von 4367 Quadratkilometern und reicht von der Elbmündung im Süden bis zur dänischen Grenze im Norden. Es steht unter Schutz des Nationalparks Wattenmeer – das ist der größte Nationalpark zwischen dem Nordkap und Sizilien. In ihm darf sich die Natur frei entfalten, weshalb das Motto gilt: die Natur Natur sein lassen.

Das Watt lebt! Und in ihm mehr als 10 000 Arten mit einem sogar recht hohen Anteil an seltenen Arten. Man findet Wattwürmer und Herzmuscheln, Queller und Strandastern, Austernfischer, Rotschenkel, Ringelgänse und sogar Schweinswale und Seehunde. Manche dieser Lebewesen, die im Nationalpark Schutz finden, kommen nur hier vor, deshalb ist dieser Lebensraum für sie überlebenswichtig. Als Weltnaturerbe spielt das Wattenmeer in derselben Liga wie der Serengeti-Park in Afrika, der Grand Canyon in den USA oder das Great Barrier Reef in Australien.

Das Kontrastprogramm zum Wattenmeer mit seiner Naturgewalt bildet die liebliche Strandlandschaft der Ostsee mit ihren malerischen Buchten, langen Sandstränden und Strandpromenaden sowie den berühmten Ostseebädern. Mal spülen die sanften Wellen gemächlich über die flachen Sandstrände, mal donnern sie tosend gegen die Klippen der Steilküste. Da es an der Ostsee kaum Tidehub gibt, ist vor allem der südliche Bereich ein Badeparadies.

HALLIGEN, KÖGE UND SIELE

Die drei Begriffe »Hallig«, »Koog« und »Siel« begegnen jedem Schleswig-Holstein-Touristen regelmäßig – zumindest an der Nordseeküste. Halligen sind kleine Marschinseln vor der Küste, die nicht geschützt sind und deshalb bei Sturmfluten überschwemmt werden können. Nur die Warften, die künstlich aufgeschütteten Hügel, können nicht überspült werden. Darauf sind die Häuser errichtet. Wenn der Wasserstand der Nordsee ansteigt, ist auf den Halligen »Land unter« – in besonders extremen Fällen ragen dann nur noch die auf den Warften errichteten Häuser aus dem Wasser. Zehn Halligen liegen vor der Nordseeküste Schleswig-Holsteins, das sind Langeneß, Hooge, Nordstrandischmoor, Oland, Gröde, Habel, Norderoog, Süderoog, Südfall und die Hamburger Hallig. Es sind aber nur sieben davon ständig bewohnt, ein paar bieten Gaststätten und Übernachtungsmöglichkeiten. Hooge und Langeneß haben mit jeweils etwas mehr als 100 Einwohnern die meiste Bevölkerung (wohingegen auf Süderoog nur vier und auf Südfall sogar nur zwei Menschen leben!). Die meisten Halligen werden während der Saison mit dem Schiff angesteuert, manche erreicht man im Rahmen einer Wattwanderung, manche mit einer Lorenbahn und die Hamburger Hallig sogar mit dem eigenen Auto über einen Damm.

Auch typisch für die Westküste Schleswig-Holsteins sind die Köge. Als Koog wird ein aus den Seemarschen gewonnenes Stück Land bezeichnet, das mittels Deichbau entstand. Das Marschland wird dem Meer durch Entwässerung entzogen und zum Schutz eingedeicht. So kommt es, dass um manche Orte zwei Deiche existieren und das Land dazwischen entwässertes Marschland ist, das als Acker- und Weideland genutzt wird.

Um das Wasser, das dem Marschland entzogen wurde, durch den Deich Richtung Meer abzuleiten, wird eine Schleuse beziehungsweise ein Sperrwerk im Deich errichtet. Das Siel bezeichnet dabei die Stelle, durch die das Wasser ausfließen kann.

Überall malerische Häfen!

Die günstige Lage wird für die Windenergie genutzt.

VON WIND UND WASSER GEPRÄGT

Zwei Meere, zahlreiche Seen und Marschland machen es möglich: Viel Wasser ist die beste Voraussetzung für die Landwirtschaft in Schleswig-Holstein. Hinzu kommen ein gesundes Klima und guter Boden. So ist es also kein Wunder, dass das Bundesland von der Landwirtschaft geprägt ist. 63 Prozent der Landesfläche wird landwirtschaftlich genutzt (im Vergleich dazu sind es im Bundesdurchschnitt nur 47 Prozent). Zwar dient die Landwirtschaft in Schleswig-Holstein vorrangig der Nahrungsmittelproduktion, doch sie breitet sich zunehmend auf andere Gebiete aus, auf den Tourismus zum Beispiel, auf die Energiewirtschaft, die Landschaftspflege und die Direktvermarktung.

Eine große Rolle in der Landwirtschaft der Westküste des Bundeslandes spielen Schafe. Sie gelten als »Küstenschützer«, weil Deiche, die von Schafen schon seit vielen Jahren beweidet werden, Naturkatastrophen wie Sturmfluten besser standhalten. Denn durch den tiefen Biss der Schafe bleibt die Grasnarbe kurz und dicht und verfestigt sich mit dem Tritt der Tiere, was wiederum für einen erosionsbeständigen Deichboden sorgt. Von der Landschaftspflege abgesehen ist das Schaf eines der ältesten Nutztiere und liefert dem Menschen Wolle, Fleisch, Milch, Felle und Dünger. 1100 Schaf-Betriebe gibt es in Schleswig-Holstein, das Bundesland verfügt insgesamt über fast 200 000 dieser Tiere. Einige Betriebe haben sich auf die Erzeugung von Schafs- und Ziegenkäse spezialisiert.

Oft bietet sich dieses Bild: Im Vordergrund weiden Schafe, im Hintergrund drehen sich munter die Windkrafträder. Denn als Land zwischen zwei Meeren ist Schleswig-Holstein so gut wie kein anderes Bundesland für die Nutzung von Windenergie als regenerative Energiequelle geeignet – und zwar sowohl im Binnenland (onshore) als auch auf See (offshore). Schleswig-Holstein gilt als Geburtsland der Windenergie und trägt neben den Auswirkungen für den Klimaschutz zur Wertschöpfung im ländlichen Bereich bei. 2014 hat Schleswig-Holstein als erstes Bundesland 100 Prozent seines Energiebedarfs mit erneuerbarer Energie gedeckt.

Unabdingbar für die Windenergie ist nun einmal … der Wind! Er kommt erstaunlicherweise immer von vorne. Und er ist auch immer da. Mal als regelrechter Sturm, mal als frische Brise, mal als sanftes Streichen über die Haut. An der Nordsee kann es schon mal kräftig stürmen, zwischen den Küsten bläst eher mäßiger Wind durch die Baumwipfel, an der Ostsee werden Wellen und Wolken übers Meer gepustet und an den Häfen der Städte kann der Wind auch schon mal Boote zum Schaukeln bringen und das Haar zerzausen. Wichtig ist also, eine der Jahreszeit entsprechende Kopfbedeckung dabeizuhaben!

Rund 25 Hektar Anbaufläche des Bundeslandes beansprucht der Grünkohl. Das norddeutsche »Kultgemüse« wird in kleinen Einheiten angebaut und verfügt über hohe Gehalte an Vitamin A, C und B2, an den Mineralstoffen Kalium, Calcium, Magnesium und Phosphor sowie einen großen Gehalt an Ballaststoffen und sekundären Pflanzenstoffen. Es schmeckt zudem höchst lecker als deftiges Gericht mit Kartoffeln und Speck, Mettenden oder Kassler.

ES IST WOCHENMARKT!

Sowohl der Grünkohl als auch andere Produkte aus Schleswig-Holstein werden vorwiegend direkt vermarktet, also über Wochenmärkte, Hofläden und den regionalen Einzelhandel. Vor allem die Wochenmärkte spielen eine große Rolle in Schleswig-Holstein. Dort gibt es frische Produkte direkt vom Erzeuger sowie regionale und saisonale Köstlichkeiten. Meist finden die Märkte auf den herausgeputzten Marktplätzen der historischen Altstädte statt – dann ist das Einkaufserlebnis noch mal so schön! In den diversen Touren sind die Termine der Wochenmärkte in den besuchten Städten immer mit angegeben.

IN DEN KOCHTOPF GESCHAUT

Die deftige Küche Schleswig-Holsteins zeichnet sich durch ihre bisweilen eigenwilligen Rezepte aus. Unter den meisten Begriffen kann sich der Nicht-Norddeutsche auch gar nichts vorstellen – so hat ein Süddeutscher schon das eine oder andere Fragezeichen in den Augen, wenn es um »Sauerfleisch«, »Fliederbeersuppe«, »Möwenschiss« oder »Labskaus« geht. Um das Geheimnis zu lüften: Sauerfleisch ist ein Gericht aus Schweinefleisch, das durch die Zugabe von Essig oder Weißwein einen säuerlichen Geschmack erhält. Hinter der Fliederbeersuppe versteckt sich eine Fruchtsuppe mit Fliederbeersaft und Apfelstückchen mit Mehl- oder Grießklößchen darin – diesem Gericht sagt man wärmende Eigenschaften nach. Besonders eigenartig hört sich Möwenschiss an – das ist ein Glas Doppelkorn mit einer Scheibe Salami darauf, garniert mit einem Klecks Senf und Meerrettich; der Name wirkt sehr passend. Labskaus ist ein altes Seemannsgericht, das aus Kartoffeln, Pökelfleisch, Stockfisch oder Hering und Roter Beete besteht. Der Hintergrund dieser deftigen Küche ist, dass die Bewohner des Bundeslandes von jeher schwere körperliche Arbeit zu verrichten hatten und hierfür eine gute und vor allem gehaltvolle Ernährung vonnöten war und auch immer noch ist. Deshalb ist die traditionelle Küche in Schleswig-Holstein robust und nahrhaft.

Natürlich steht ganz oben auf dem Speiseplan Fisch – und zwar in allen Variationen. Dank Nord- und Ostsee und den vielen Seen bietet die maritime Küche vielfältige kulinarische Schätze: Matjes mit Pellkartoffeln zum Beispiel, Kieler Sprotten oder geräucherten Aal – es gibt fast nichts Fischiges, das man in Schleswig-Holstein nicht finden würde. Dabei haben viele Fischarten einen ganz besonderen, lokalen Bezug: Die Matjes-

↑ Fischliebhaber kommen voll auf ihre Kosten. ↗ Fast jede Stadt hat einen Wochenmarkt. ↓ Der Fischfang ist ein riesengroßer Wirtschaftszweig.

Relikt aus der Wikingerzeit: das Freilichtmuseum Haithabu

produktion wird Glückstadt zugeordnet, die Sprotten (heringsartige Fische) stammen aus Kiel, und Büsum ist für die Krabbenfischerei bekannt. Serviert werden die Fischspezialitäten in urigen Räucherkaten, an Verkaufsständen am Hafen, mitunter auch direkt am Kutter und in gemütlichen bis hin zu gediegenen Fischrestaurants.

Der speziellen norddeutschen Küche entsprechen auch einige Getränke. So rätselten wir lange über den Begriff »Tote Tante« auf den Getränkekarten der Cafés. Wir brachten in Erfahrung, dass es sich dabei um einen heißen Kakao mit einem ordentlichen Schuss Rum und einem Klecks Schlagsahne obendrauf handelt. Die eigenwillige Getränkebezeichnung geht auf eine Legende zurück. Ihr zufolge wanderte eine Dame von der Insel Föhr nach Amerika aus. Nach ihrem Tod wollten ihre Verwandten die Urne nach Deutschland zur Beerdigung transportieren lassen. Sie waren aber zu geizig, die offiziellen Transportkosten der Urne zu bezahlen, und ließen sie deshalb in einer Kiste mit Kakao transportieren. Zum Leichenschmaus gab es dann heißen Kakao mit Rum und Schlagsahne.

KLEINE ZEITREISE

Nun haben wir bereits einiges über das nördlichste Bundesland erfahren – es wird Zeit, sich dem geschichtlichen Hintergrund Schleswig-Holsteins zuzuwenden, denn der ist richtig spannend. Es ist eine deutsch-dänische Geschichte und sie handelt von Wikingern. Schleswig-Holstein war schon in der frühen Vorzeit besiedelt, wovon beispielsweise Megalithgräber wie die von Arnkiel zeugen, einer archäologischen Freilichtanlage nahe Flensburg (siehe Tour 4). Die Wikingersiedlung Haithabu an der Schlei (ebenfalls Tour 4) entstand im 9. Jahrhundert und ist eine der größten und wichtigsten Wikingersiedlungen Europas. In Häusern aus Lehm lebten viele Handwerker und Händler, umgeben war die Siedlung von einem hohen Schutzwall. Sieben dieser Wikingerhäuser wurden rekonstruiert und können in der Freilichtanlage besichtigt werden. Die Stadt Schleswig (ebenfalls Tour 4), zu der Haithabu gehört, ist gleichermaßen von den Wikingern geprägt. Auch diese Siedlung und späterer Handelsplatz entstand im 9. Jahrhundert. Nachdem die Slawen die Siedlung zerstörten, übernahmen sie die heutige Stadt Schleswig und bauten die Siedlung zu einer wichtigen

Drehscheibe für den Handel aus. Die Dänen ließen sich bereits im 6. Jahrhundert auf Jütland nieder, im 9. Jahrhundert wurde die Eider als südlichste Grenze Dänemarks definiert. Lange erstreckte sich Dänemark viel weiter nach Süden und Norden, als es heute der Fall ist, und so waren Teile Norddeutschlands, Schwedens und Norwegens dänisch. Im Mittelalter präsentierten sich die heutigen Schleswig-Holsteiner sprachlich und kulturell gemischt deutsch, dänisch und friesisch. Im 12. und 13. Jahrhundert konzentrierte sich sowohl die dänische als auch die holsteinische Machtpolitik auf das Herzogtum Schleswig. Das Herzogtum existierte von 1200 bis 1864, und als preußische Provinz ging Schleswig-Holstein schließlich 1867 nach dem Deutsch-Dänischen Krieg (1864) und dem Deutschen Krieg (1866) aus den Herzogtümern Schleswig und Holstein hervor. Schleswig war schon lange ein dänisches Lehen, aber vertraglich seit 1460 »Up ewig ungedeelt« (auf ewig ungeteilt) mit Holstein verbunden. »Auf ewig ungeteilt« ist auch heute noch der Wahlspruch Schleswig-Holsteins.

SPRACHENVIELFALT

Noch heute finden sich sprachliche Spuren der deutsch-dänischen Geschichte in Norddeutschland. Ganz besonders im nördlichsten Norden des Bundeslandes fällt auf, dass etliche Ortsnamen auf »-by« enden – das hat die Bedeutung »Hof« und später »kleine Stadt« und schlägt sich in Ortsnamen wie Sieseby oder Rieseby (siehe Tour 4) nieder. Die Endung »-holm« steht für »kleine Insel« und findet sich beispielsweise im Schleswiger Ortsteil Fischersiedlung Holm (Tour 4) – tatsächlich war dieser Holm bis zum 20. Jahrhundert durch das Holmer Noor vom Festland getrennt. Heute ist der Holm mit dem Festland verbunden.

Plattdeutsch (auch Niederdeutsch genannt) ist die Regionalsprache in Schleswig-Holstein. Es wird auf dem Land stärker benutzt als in den Städten und ist für Nicht-Schleswig-Holsteiner mitunter nahezu unverständlich. Einzig und allein das zu jeder Tageszeit gebräuchliche »Moin« wird jeder verstehen – warum man sich aber abends mit »Moin« grüßt, wird wohl weiter unverständlich bleiben …

Die Dialektvielfalt in Schleswig-Holstein ist groß und mit fünf anerkannten Sprachen – nämlich Hochdeutsch, Niederdeutsch, Dänisch (mit Südjütisch), Nordfriesisch und Romanes – stellt Schleswig-Holstein im deutschsprachigen Raum Europas die Region mit den meisten Sprachen dar. Auf vielen offiziellen Schildern findet man deshalb nicht nur die deutsche Bezeichnung; so steht auf den Schildern der Polizeireviere in Schleswig-Holstein nicht nur »Polizei«, sondern auch der dänische Begriff »Politi«. Auch auf den Verkehrsschildern steht manches Ziel zusätzlich auf Dänisch geschrieben.

Schleswig-Holstein ist »zweisprachig«.

Herrlich! Strandkörbe am feinen
Sandstrand von Grömitz an der Ostsee

DIE ROUTEN

Wir erkunden die Ostsee- und die Nordseeküste, Seebäder und schmucke historische Städte, wandern durchs Wattenmeer und erleben Perlen des Binnenlands.

Höhepunkt jeder Norddeutschlandreise: Lübeck mit dem Holstentor

1

VON DER ELBE BIS ZUR MARZIPAN-HAUPTSTADT

Im südöstlichen Binnenland

Wer an Schleswig-Holstein denkt, hat zwangsläufig die Küsten der Nord- und Ostsee vor Augen. Das Binnenland gerät da leicht in Vergessenheit. Mit Start in Geesthacht an der Elbe führt die Tour über das malerische Wasserschloss Ahrensburg und die Inselstadt Ratzeburg mit ihrem Dom in romanischer Backsteinarchitektur durchs Innere Schleswig-Holsteins bis nach Lübeck. Neben dem Holstentor, dem Wahrzeichen der Hansestadt, sorgen zahlreiche Sehenswürdigkeiten für Kurzweil.

Die Lage an der Elbe und die Nähe zu Hamburg sind nicht die einzigen Aspekte, die **Geesthacht** zu einem attraktiven Urlaubsziel machen. Ausgangspunkt für diese Tour ist der naturbelassene **Campingplatz Hohes Elbufer**, der – wie der Name schon sagt – direkt an der Elbe liegt. So kann man nicht nur einen der Strände an der Elbe aufsuchen und sogar in ihr baden, sondern auch Ausflugsfahrten per Boot und Schiff unternehmen. Da der Platz mitten im Naturschutzgebiet liegt, bietet er zahlreiche Möglichkeiten für Wanderungen und Radtouren.

Angler-Bootshäuschen in Geesthacht

KULTUR IN GEESTHACHT

Alfred Nobel steht im Vordergrund der Kulturgeschichte des knapp 30 000-Einwohner-Ortes. Denn der schwedische Chemiker und Erfinder gründete 1865 im heutigen Ortsteil Krümmel eine Nitroglycerinfabrik und erfand kurz darauf das Dynamit. Die Ruinen dieser Fabrik finden sich heute als **Industriemuseum Geesthacht** versteckt im Wald rund um den Wasserturm Geesthacht und können im Rahmen einer Führung erkundet werden. Der Rundgang dauert zwei Stunden und führt zum Teil durch unwegsames Gelände.

SPECIAL

DYNAMITFABRIK KRÜMMEL

Durch die Erfindung des Dynamits erlangte der schwedische Chemiker Alfred Nobel Berühmtheit. Seine Fabrik im Geesthachter Ortsteil Krümmel war die erste, die den Sprengstoff außerhalb Schwedens produzierte, und ein großer Arbeitgeber in der Region. Nach schweren Luftangriffen im Zweiten Weltkrieg wurde die Produktion eingestellt und die Fabrik anschließend von den Alliierten demontiert. Deshalb sind heute nur noch Ruinen übrig, die Natur erobert sich das Gelände zurück. Manche Bauwerke haben die Zeit jedoch auch gut überstanden und so ist dieser Lost Place heute ein wirklich sehenswerter Ort.

ROUTE 1

START- UND ENDPUNKT
Geesthacht und Lübeck

STRECKENLÄNGE
141 km

FAHRZEIT
4 bis 6 Tage

BESTE JAHRESZEIT
April bis Oktober

S 106
C 107
C 105
C 104
C 102
S 101
C 103
C 100
Lübeck
Bad Schwartau
Stockelsdorf
Herrenwyk
Schlutup
Selmsdorf
Israelsdorf
St. Gertrud
Palingen
Herrnburg
Lüdersdorf
St. Hubertus
Groß Grönau
Blankensee
Groß Sarau
Krummesse
Lübeck-Süd
Hornstorf
Utecht
Großer Ratzeburger See
Pogeez
Buchholz
Römnitz
Bäk
Ratzeburg
St. Georgsberg
Küchensee
Fredeburg
Schmilau
Salem
Salemer See
Mölln
Alt Mölln
Breitenfelde
Steinfeld
Gudow
Hornbek
Büchen
Schwarzenbek
Geesthacht
Lauenburg/Elbe
Boizenburg/Elbe
Artlenburg
Hohnstorf (Elbe)
Winsen (Luhe)
Reinbek
Glinde
Wentorf b. H.
Trittau
Großensee
Ahrensburg
Groß-hansdorf
Bargteheide
Bad Oldesloe
Reinfeld (Holstein)
Elbe
Elbe-Lübeck-Kanal
0
5 km
N

Elbschleuse in Geesthacht

Im selben historischen Gebäude wie die Touristeninformation, dem Krügerschen Haus, befindet sich das **GeesthachtMuseum!**. Das Haus stammt aus dem 18. Jahrhundert und ist das älteste der Stadt. Wechselnde Ausstellungen zeigen Werke einzelner Künstler oder auch Schulprojekte.
In Friedrichsruh, ein Ortsteil von Aumühle und mit dem Wohnmobil zwölf Kilometer von Geesthacht entfernt, liegt mit dem **Bismarck-Museum** ein weiteres kulturelles Ziel. Das Museum beschäftigt sich mit dem Leben und Wirken des preußischen Ministerpräsidenten und ersten deutschen Reichskanzlers. Die Ausstellung präsentiert die Dauerausstellung »Otto von Bismarck und seine Zeit« sowie wechselnde Sonderausstellungen.

ELBE UND NATUR

Der Fokus der Stadt liegt jedoch unbenommen auf der Elbe und deren Freizeitwert. Einfach nur den Frachtern beim Vorbeituckern zuzuschauen oder sich selbst an Bord eines Schiffes den Wind um die Nase wehen zu lassen – vieles ist möglich. In Geesthacht legen einige Fahrgastschiffe an, zwei Schiffsanleger befinden sich in der Stadt (einer am Veranstaltungsgelände Menzer-Werft-Platz und ein kleiner im Ortsteil Tesperhude). Ziele sind unter anderem Hamburg, der Elbe-Seitenkanal oder der Elbe-Lübeck-Kanal. Wer es eine Nummer kleiner haben möchte, geht an Bord der historischen Stadtbarkasse »Piep«.
Ein eindrucksvolles Erlebnis ist ein Besuch der **Geesthachter Elbschleuse**. Die Elbbrücke mit Staustufe und Schleuse wurde 1957 erbaut. Von ihr hat man einen tollen Blick sowohl auf den Schiffsverkehr als auch auf die Technik der Schleuse. Ebenfalls im Blick hat man von der Brücke aus die nahe gelegene Fischaufstiegsanlage – es ist die größte Europas. Eine Abkühlung in der Elbe ist aufgrund der guten Wasserqualität bedenkenlos möglich – Schwimmfreudige sollten jedoch die Strömung nicht unterschätzen. Baden ist an der Südseite der Elbinsel Geesthacht möglich. Dort gibt es einen Strandabschnitt mit lauschigen Plätzen, ausgestattet mit originellen, augenscheinlich selbst gebastelten

↑ An der Mühle Artlenburg … ↗ … radelt man auf dem Radweg Hohes Elbufer vorbei.
↓ Elbbrücke in Geesthacht

RADTOUR

GEESTHACHTER RADTOUREN

Statt per pedes kann man natürlich auch mit dem Drahtesel die Gegend erkunden. Sei es auf Teilen des Elberadweges (zum Beispiel durch die Vier- und Marschlande und die Elbmarsch), während der Elbe-Radtour Hohes Elbufer oder auch auf einer der Thementouren wie der Techniktour, die an interessanten historischen und modernen Bauwerken und Plätzen vorbeiführt. Fahrräder und E-Bikes kann man bei der Touristeninformation Geesthacht ausleihen.

Bänken, und ansonsten sehr viel Natur. Für einen entspannenden Spaziergang sind zwei Rundwege vorhanden.
Überhaupt gibt es rund um Geesthacht viel Natur. Neben der **Elbinsel Geesthacht**, ein wahres Kleinod mit den weiten Wiesen, seltenen Vögeln und dem Blick auf die Elbe, ist das Hohe Elbufer ein schönes Fleckchen. Man kann das **Naturschutzgebiet Hohes Elbufer** am besten im Rahmen einer **Wanderung** kennenlernen. Diese verläuft ab Geesthacht-Tesperhude an der Elbe entlang und ist ein Teilbereich des Biosphärenreservates »Flusslandschaft Elbe«. Startpunkt ist die Gaststätte Elbkantinchen am Strandweg in Tesperhude. Wer auf dem Campingplatz Hohes Elbufer steht, kann gleich vom Platz aus starten, denn die Wanderung führt direkt daran vorbei. Es geht gegen den Uhrzeigersinn immer mehr oder weniger nah an der Elbe entlang – auf dem Weg ergeben sich tolle Blicke auf den Fluss. Kurz nach dem Campingplatz folgt der nach Süden hin abfallende Steilhang des Elbe-Urstromtals – von oben betrachtet kann man die Bezeichnung Hohes Elbufer gut nachvollziehen.
Es gibt aber auch direkte Wasserzugänge am Weg. Etwa fünf Kilometer nach dem Startpunkt kann man sich im »Sandkrug« stärken. Danach führt ein kleiner Abstecher über eine alte Kopfsteinpflasterstraße zur ehemaligen Befestigungsanlage Ertheneburg, dann geht es durch den Laubwald zurück nach Tesperhude. Der Rückweg ist relativ unspektakulär, weshalb man auf den Elberadweg ausweichen könnte, der parallel zum Hinweg verläuft. Holzschilder mit der Aufschrift »Rundweg« weisen immer wieder vom oberen Weg auf Verbindungswege zum Radweg hin. Die Wanderung ist zwölf Kilometer lang, beinhaltet etwa 70 Höhenmeter und ist in zweieinhalb bis drei Stunden zu bewerkstelligen.

Im Elbkantinchen kann man auch auf dem Radweg Hohes Elbufer einkehren.

Schloss Ahrensburg
B404
A24 39 km
Schloss Wotersen
Dorfstraße
Trammer Straße
Möllner Straße
Dorfstraße
B207 14 km
Mölln
Till-Eulenspiegel-Stadt
B207 schöne Altstadt
B208 12 km
Ratzeburg

Die Elbe ist auch ständiger Begleiter auf der **Elbe-Radtour Hohes Elbufer**, welche den Fluss, Laubwald und Ausblicke miteinander kombiniert. Wir starten in Geesthacht und folgen dem Elbradweg, der mit einem entsprechenden Wegweiser ausgestattet ist. Der Hinweg erfolgt in Schleswig-Holstein, wir radeln auf einem gut angelegten Forstweg, immer schattig, und manchmal haben wir einen Blick auf die Elbe. Die 45 Kilometer lange Tour ist ein Rundweg, Umkehrpunkt ist zwischen Lauenburg und Hohnstorf, wo wir über die Elbbrücke die Flussseite und das Bundesland wechseln. Hier sollte man unbedingt kurz anhalten und den Blick auf die malerische Lauenburger Altstadt mit den Fachwerkhäusern genießen! Es lohnt sich auch, die Altstadt genauer unter die Lupe zu nehmen, bevor es zurück nach Geesthacht geht.
Der Rückweg führt durch Niedersachsen und links des Flussdeiches – jetzt können wir die Elbe nicht mehr sehen. Allerdings kann man immer wieder auf den Deich hinauffahren und auf das Marschland zwischen Elbe und Deich blicken. Dann geht es vorbei an Resten der frühmittelalterlichen Ertheneburg bei Schnakenbek mit schönem Blick über die Elbe und wir passieren in Grünhof-

Auf der Niedersachsen-Seite der Elbe

Prachtvolles Wasserschloss Ahrensburg

Tesperhude einen bronzezeitlichen Grabhügel. Vereinzelt werden lokale Produkte und hausgemachte Erzeugnisse zum Verkauf angeboten. Die Runde führt über naturbelassene sowie asphaltierte Wege und hat leichte Anstiege und Hügel. Unterwegs gibt es viele Einkehrmöglichkeiten.

Auch wer die Fahrradtour nicht unternimmt, sollte unbedingt einen Blick in die schöne Altstadt von **Lauenburg** werfen. Das Kopfsteinpflaster, die Fachwerkhäuser, mit Holzornamenten verziert, und die schönen kleinen Plätze strahlen eine zauberhafte Atmosphäre aus. Es gibt jede Menge Einkehrmöglichkeiten.

MÄRCHENSCHLOSS ZU WASSER

Das Etappenziel unserer Tour ist das nordöstlich von Geesthacht gelegene Lübeck. Doch **Schloss Ahrensburg** ist auf jeden Fall einen Abstecher wert und so wenden wir uns zunächst gen Norden und tangieren dabei die Peripherie von Hamburg. Für eine Schrecksekunde verlassen wir also das Bundesland, um über die A 25 und die A 1 am Ostrand Hamburgs vorbei wieder zurück nach Schleswig-Holstein zu fahren. An der Ausfahrt Ahrensburg/Großhansdorf/Siek verlassen wir die Autobahn und fahren über den Verlängerten Ostring nach Ahrensburg. Das Schloss im Zentrum des Ortes ist kaum zu verfehlen.

Wie ein Märchenschloss thront das Wasserschloss Ahrensburg auf einer Insel und kann durchaus in der Liga von Schloss Neuschwanstein mitspielen. Das Renaissanceschloss zählt zu den bekanntesten Sehenswürdigkeiten des Bundeslandes und ist auch für die Öffentlichkeit zugänglich. Zu besichtigen sind das Herrenhaus, die einstige Gutskapelle mit ihren sogenannten Gottesbuden sowie der Schlosspark, der als englischer Garten angelegt ist. Das Schloss beherbergt heute ein Museum, das sich mit der schleswig-holsteinischen Adelskultur beschäftigt. Ursprünglich war das prächtige Wasserschloss ein Herrenhaus und stellte

Wie aus einer Filmkulisse: Gutshof Schloss Wotersen

einst den Mittelpunkt eines adligen Gutes dar. Verschiedene Linien der alten Holsteiner Adelsfamilie Rantzau waren ab dem 16. Jahrhundert im Besitz des Gutshauses. Im 18. Jahrhundert, nach einer Zeit des wirtschaftlichen Niedergangs, wurde das Herrenhaus zu einem aufwendigen Landsitz umgestaltet und fortan »Schloss« genannt. Besucher des Schlosses schlendern auf Pantoffeln durch die Räumlichkeiten und durchschreiten dabei mehrere Stilepochen vom Rokoko über den frühen Klassizismus bis hin zum Biedermeier. Man kann sich das Schloss auf eigene Faust oder im Rahmen einer Führung anschauen. Auch ohne Führung erfährt man einiges über das Schloss, seine Besitzer und das Personal – mittels verschiedener iPods, historischer Zeichnungen, Aufnahmen und Schwarz-Weiß-Fotos. Audioguides beziehungsweise eine App gibt es kostenlos mit auf den Weg.

Nun könnte es direkten Weges nach Ratzeburg gehen, dem nächsten Ziel auf der Tour – bei ausreichend Zeit kann man aber einen weiteren Schlenker einbauen, das **Schloss Wotersen** besuchen und direkt im Anschluss den schnuckeligen Ort Mölln. Das tun wir in einer Schleife, die uns noch einmal in südliche Richtung bringt, fahrtechnisch nicht ganz so spannend über die B 404 und die A 24, die wir an der Ausfahrt 7 Talkau verlassen. Schloss Wotersen gehört zur Gemeinde Roseburg und liegt an deren nordwestlichem Ortsrand. Eigentlich ist es ein dreiflügeliger Gutshof mit Ehrenhof. Das in der Mitte der Anlage befindliche Wasserbecken wurde ursprünglich als Tränke oder Schwemme benutzt. Auch heute noch bewirtschaftet das Gut die umliegenden Ländereien. Das Herrenhaus ist nicht zugänglich, allerdings finden auf dem Gelände regelmäßig Veranstaltungen wie Konzerte und Messen statt, zum Beispiel im Rahmen des »Schleswig-Holstein Musik Festivals«. Wer im ZDF zwischen 1987 und 1990 die Serie »Das Erbe der Guldenburgs« geschaut hat, wird die Kulisse erkennen.

SPECIAL

HERZOGTUM LAUENBURG

Immer wieder begegnet uns auf Schildern und in den Ortschaften der Gegend die Bezeichnung »Herzogtum Lauenburg«. Dieses ist der südlichste Landkreis Schleswig-Holsteins, sehr waldreich und der darin befindliche Naturpark Lauenburgische Seen ist einer der ältesten Naturparks im Bundesland. Ab dem 14. Jahrhundert war der Kreis ehemals ein Herzogtum und er trägt den Begriff auch heute noch im Namen. Der Verwaltungssitz ist Ratzeburg, die größte Stadt ist Geesthacht.

Mölln wird die Till-Eulenspiegel-Stadt genannt, was daran liegt, dass der berühmte Volksnarr seine letzten Lebensjahre in dieser Stadt verbrachte. Deshalb begegnet man ihm auch an allen Ecken und Enden – beispielsweise posiert er als Bronzestatue an einem Brunnen. Wenn man gleichzeitig seine Fußspitze und seinen Daumen reibt, gehen alle Wünsche in Erfüllung, so heißt es. Die Statue steht am sehr hübschen Marktplatz mit dem historischen Rathaus und der mittelalterlichen St.-Nicolai-Kirche. Die Altstadt von Mölln ist sehr sehenswert mit den gut erhaltenen Fachwerkhäuschen, dem Kopfsteinpflaster und den vielen kleinen Kunsthandwerksläden. Sie thront oben auf dem Stadthügel.

↓ Till Eulenspiegels Daumen und Fußspitze sind schon ganz blank gerieben! ↘ Ein Museum zu Ehren des Schelms

INSELSTADT RATZEBURG

Wir nehmen Kurs auf **Ratzeburg**, wo wir die Auswahl zwischen Campingplätzen in allen Lagen haben. Zwar sind die beiden Abstecher zu Schloss Ahrensburg und Wotersen gut auf der Strecke zwischen Geesthacht und Ratzeburg »zu erledigen«, wer jedoch vor Ratzeburg eine Zwischenübernachtung sucht, findet diese auf dem Natur-Campingplatz Salemer See, neun Kilometer vor Ratzeburg.

Ratzeburg ist eine Inselstadt, das heißt, die Altstadt liegt in den durch drei Dämme voneinander getrennten Seen Domsee, Stadtsee, Küchensee und Ratzeburger See. Von Osten und Westen ist die Inselstadt über die B 207 mit dem Festland verbunden, nach Süden führt der Kleinbahndamm. Neben der Altstadt gehören auch die Stadtteile St. Georgsberg, die Vorstadt und Dermin zum Stadtgebiet der Kleinstadt. Ratzeburg liegt an der Grenze zu Mecklenburg-Vorpommern. Am besten parkt man das Wohnmobil auf einem der drei Parkplätze an der Schlosswiese, Unter den Linden oder am Hallenbad Aqua Siwa, wo es auch einen Wohnmobilstellplatz gibt.

Highlight der Insel-Altstadt ist der **Ratzeburger Dom** der evangelisch-lutherischen Domkirchengemeinde. Besonders vom Ufer des Ratzeburger Sees aus kann man einen schönen Blick auf das sakrale Bauwerk werfen. Heinrich der Löwe begann mit dem Bau

Es gibt viele schöne Ecken in der gepflegten Stadt.

Der Ratzeburger Dom ist ein Zeugnis romanischer Backsteinkultur.

des Doms in romanischer Backsteinarchitektur im Jahr 1165. Dom und Domkloster beherbergen eindrucksvolle Kunstschätze wie das mittelalterliche Chorgestühl oder die geschnitzte Renaissance-Kanzel. Das Gotteshaus ist tagsüber von Mai bis September täglich von 10 bis 18 Uhr und von Oktober bis April von 10 bis 16 Uhr geöffnet und kann im Rahmen einer Führung besucht werden. Der Dom steht auch auf dem Programm der ausführlichen **Stadtführungen.** Bei der klassischen Stadtführung unternehmen Gäste eine Zeitreise durch 1000 Jahre Ratzeburger Geschichte und besuchen die wichtigsten Plätze und Gebäude. Die besonderen Stadtführungen sind unter anderem historische Führungen (beispielsweise Nachtwächter- oder Köchin-Führungen), digitale Rundgänge oder aber auch Adventsführungen oder geführte Fahrradtouren.
Als Luftkurort hat Ratzeburg einen **Kurpark**, dessen Blütenpracht im Februar/März beginnt und bis Mitte Mai andauert. Danach

WANDERUNG

IM NATURBELASSENEN HELLBACHTAL

Die einfache, 14 Kilometer lange Seen-Wanderung gewährt unterwegs sehr schöne Ausblicke. Start ist am Parkplatz »Tiefe Kuhle« südöstlich des Drüsensees. Der Weg ist mit einem blauen Halbmond ausgeschildert. Auf der östlichen Seite des Hellbachtals geht es mit Blicken auf den Drüsensee, den Lottsee und den Schwarzsee Richtung Süden. Nach dem Schwarzsee wechselt man über einen Holzsteg die Talseite, dann wandern wir gen Norden und auf der westlichen Talseite am Waldrand zurück – das Tal befindet sich nun rechts von uns. Der Markierung »gelbe Schwalbe« folgend, geht es zurück zum Drüsensee und ab der romantischen kleinen Holzbrücke den bekannten Weg zum Parkplatz.

↑ Kurpark zu Ratzeburg ↗ Im Ratzeburger Dom ↓ Von Wasser umgebene Altstadt Ratzeburg

werden die Grünflächen als Rasen- und Veranstaltungsflächen genutzt. Ratzeburg ist nicht umsonst von Wasser umgeben – natürlich gibt es jede Menge wasserbezogene Freizeitaktivitäten. Am Ufer des Küchensees befindet sich beim Schwimmbad Aqua Siwa und einem Wohnmobilstellplatz eine öffentliche Badestelle mit Sandstrand, Rutsche und Sanitäranlage, eine weitere beim Parkplatz an der Schlosswiese. Dank der Lage im **Naturpark Lauenburgische Seen**, dem drittgrößten Naturpark Schleswig-Holsteins, ist das Angebot an Wanderungen in allen Längen und Schwierigkeitsgraden groß. Naturnahe Mischwälder, Moore, Seeufer mit und ohne Strände, Alleen und Weideflächen wollen erwandert werden.

Auf allen Ratzeburger Seen verkehren **Fahrgastschiffe**, die Rundfahrten in allen Längen anbieten. Wer auf dem Wasserweg nach Lübeck gelangen will, kann dies an Bord eines Schiffes der Wakenitz-Schifffahrt tun. Ein besonderer Spaß ist eine Tour mit dem Hydrobike: Auf dem kentersicheren Wasserfahrrad kann man die Ratzeburger Altstadt einmal »umradeln«. Zu mieten sind die Gefährte bei der Erlebnisbahn Ratzeburg, die für weniger wasseraffine Besucher auch Draisinenfahrten anbietet.

PERLE DES BUNDESLANDES

Über die B 207 ist es nach dem Besuch der Inselstadt nur noch ein Katzensprung von 22 Kilometern bis nach **Lübeck**. Die Hansestadt ist ein Highlight jeder Reise nach Schleswig-Holstein! Sie wurde 1143 als erste abendländische Stadt an der Ostküste gegründet und bildet das Tor zur Ostsee. Berühmt ist Lübeck vor allem durch die Bauten in Backsteingotik, die im Mittelalter entstanden sind. Das **Holstentor** ist sicherlich der prominenteste Vertreter – das spätgotische Stadttor begrenzt die Altstadt Lübecks im

Das Lübecker Burgtor ist eins von vier Stadttoren.

Westen und ist ein Relikt der früheren Stadtbefestigung. Im Inneren beherbergt das Wahrzeichen der Stadt das **Museum Holstentor** mit Ausstellungen zur Geschichte Lübecks. Das von 1464 bis 1478 erbaute Tor diente der Verteidigung und Repräsentation. Der Doppelturm hat in der Mitte einen offenen Rundbogen, durch den man hindurchgehen kann.

Was Museen anbelangt, hat Lübeck einiges zu bieten, alle tummeln sich mehr oder weniger nah beieinander in der Altstadt: Zum **Museumsquartier St. Annen** gehören das historische St.-Annen-Museum, das in einem Kloster untergebracht ist, und die auf den Grundmauern der ehemaligen Klosterkirche errichtete moderne Kunsthalle. Die Themen sind alte und neue Kunst, Glaube und

Ratzeburg
Inselstadt
Altstadt mit Dom und Backsteinarchitektur
B208
B207
22 km
Hansestadt Lübeck
Backsteingotik
Holstentor
Museen
Altstadt-Halbinsel
UNESCO-Weltkulturerbe
enge Gassen und Höfe
Marzipan
Aktivitäten an der Trave

Lauschiger Platz vor dem Heiligen-Geist-Hospital

Wohnkultur – verpackt in historischer und moderner Architektur. Die Geschichte der Hanse, das mächtigste Handelsnetzwerk des Mittelalters, wird im **Europäischen Hansemuseum** gezeigt. Nicht zuletzt schenken das **Günter-Grass-Haus** und das **Buddenbrookhaus** (wegen Umbauarbeiten bis voraussichtlich 2025 geschlossen) den Schriftstellern Günter Grass und Thomas Mann Aufmerksamkeit, zudem gibt es das sehr empfehlenswerte **Willy-Brandt-Haus**, das dem früheren deutschen Bundeskanzler und Friedensnobelpreisträger gewidmet ist. Kunst in alten Kaufmannshäusern erlebt man im Behnhaus und im Drägerhaus. Und zuletzt widmet sich Lübeck mit dem **Marzipan-Museum** im Café Niederegger der weltberühmten Mandelspezialität. Das Museum bietet eine Zeitreise vom orientalischen Ursprung der süßen Köstlichkeit bis in die Hansestadt. Besonders originell sind die lebensgroßen Persönlichkeiten aus Marzipan. Im Café des **Lübecker Marzipan-Speichers** werden Kuriositäten, Antiquitäten und Exponate rund um die Süßigkeit präsentiert.

Den nördlichen Zugang zur Altstadt, die wie eine Halbinsel eingebettet zwischen dem Fluss Trave und dem Stadtgraben liegt, bildet das spätgotische **Burgtor**. Es ist neben dem Holstentor das einzige, das von ursprünglich vier Stadttoren erhalten ist. Im selben Gebäudekomplex befindet sich das **Burgkloster Monasterio del Castillo**, ein ehemaliges Dominikanerkloster. Ganz in der Nähe gelangt man zum **Heiligen-Geist-Hospital**, ebenfalls ein beeindruckendes Bauwerk mit einem wunderschönen Vorplatz und eine der ältesten Sozialeinrichtungen der Welt. Mittig in der Altstadt und auf deren höchstem Punkt erhebt sich die **Marienkirche,** eine der größten Backsteinkirchen und Teil des UNESCO-Welterbes Lübecker Altstadt. Vom Aussichtsturm der nur wenig weiter südlich liegenden **Petrikirche** kann man wunderbar auf die Altstadt blicken – ein Muss eines je-

SPECIAL

DIE KÖNIGIN DER HANSE

Die Hansestadt Lübeck steht exemplarisch für die hansischen Städte im Ostseeraum und wird deshalb »Königin der Hanse« genannt. Die Hanse war das bedeutendste und mächtigste Handelsnetzwerk des Mittelalters und innerhalb dieses Bündnisses entwickelte sich Lübeck mit seiner strategischen Position im Ostseeraum zu einem der wichtigsten Handelspartner. Die Hanse gilt als Wegbereiter des modernen Wirtschaftsverständnisses – so prägt sie auch heute noch die europäische Politik, Wirtschaft und Gesellschaft.

den Lübeck-Besuchs! Die besondere Atmosphäre der Hansestadt kann man auch wunderbar beim Durchstreifen der engen Gässchen und Gänge mit Blicken in die Hinterhöfe auf sich wirken lassen. Etwa 90 solcher Gänge, Torwege und Höfe gibt es in der Altstadt, es sind Relikte aus dem mittelalterlichen Städtebau. Aus den ehemaligen »Buden« sind hübsch sanierte Häuschen geworden, die wie Puppenhäuser wirken. Oft sind die Gässchen schwer passierbar, größere Menschen müssen schon mal den Kopf einziehen und man muss dafür gewohnte Pfade verlassen. Ein besonders schönes Beispiel ist der **Von-Höveln-Gang** in der Wahmstraße. Last, but not least finden wir in der südlichen Altstadt mit dem **Dom zu Lübeck** eine weitere große Backsteinkirche, die von

Ungeschlagene Prominenz in Lübeck: das markante Holstentor

↑ Großartiges Museum Willy-Brandt-Haus ↗ Im Lübecker Museumshafen

Heinrich dem Löwen begründet und geweiht wurde. Mit einer Länge von über 130 Metern ist der Dom eines der längsten Kirchengebäude Deutschlands. Es werden Innenraum-, Turm- und Gewölbeführungen angeboten. Das mittelalterliche Ambiente der Stadt Lübeck und die kulturhistorischen Sehenswürdigkeiten lassen sich bestens im Rahmen einer **Stadtführung** erleben – es gibt sie mit unterschiedlichen Themenschwerpunkten und zu Land, zu Wasser oder beides kombiniert: Von der klassischen Führung über die Marzipanführung, die historische Zeitreise, die Gänge- und Höfeführung bis hin zur kulinarischen Stadtführung ist alles geboten. Auf dem Wasserweg sind Hafen- und Kanalrundfahrten rund um die Altstadt ein maritimer Klassiker, aber auch eine Fahrt auf der Trave bis zum 20 Kilometer entfernten Travemünde an Bord eines Panoramaschiffes ist ein Erlebnis. Eine Schifffahrt auf der Wakenitz, dem »Amazonas des Nordens«, richtet sich an Naturliebhaber.

Am **Museumshafen** am Trave-Ufer kann man sich am Anblick liebevoll restaurierter Traditionssegler erfreuen, die mit ihren hohen Masten, dem glänzenden Messing und den antiken Schiffsplanken wie Schmuckstücke im Wasser liegen. Geruhsam ist es auch, sich am Wasser niederzulassen und vielleicht ein Picknick zu genießen. Dafür eignen sich der Malerwinkel am Trave-Ufer, der neue Drehbrückenplatz an der Untertrave oder der Strandsalon auf der Wallhalbinsel.

PRAKTISCHE HINWEISE

TOURISTINFORMATIONEN

Tourist-Information Geesthacht
Bergedorfer Str. 28, 21502 Geesthacht, Tel. 04152/83 62 58, herzogtum-lauenburg.de/a-tourist-information-geesthacht

Tourismus- und Stadtmarketing Mölln
Am Markt 12, 23879 Mölln, Tel. 04542/97 65 10, moelln-tourismus.de/poi/tourist-information-moelln

Tourist-Information Ratzeburg
Unter den Linden 1, 23909 Ratzeburg, Tel. 04541/800 08 86, herzogtum-lauenburg.de/a-tourist-information-ratzeburg

Am Wasser liegt der Campingplatz Hohes Elbufer.

Lübeck-Tourismus
Holstentorplatz 1, 23552 Lübeck, Tel. 0451/889 97 00, luebeck-tourismus.de

KARTEN

ADAC: Bundesländerkarte Deutschland Blatt 1. Schleswig-Holstein, Hamburg 1:250 000.

Falk Cityplan: Lübeck 1:20 000.

CAMPING- UND STELLPLÄTZE

C 100 **Campingplatz Hohes Elbufer** (S. 207 F6)
Strandweg 35, 21502 Geesthacht, Tel. 0176/61 57 38 80, campen-ohne-deich.de
GPS: 53.398252, 10.437243
Direkt am Elbufer gelegener, naturbelassener Platz inmitten des Naturschutzgebietes Hohes Elbufer (die beschriebene Wanderung führt direkt am Platz vorbei). Zu Fuß oder mit dem Fahrrad ist Geesthacht über den Elbewanderweg/Elberadweg schnell erreichbar. Viele Dauercamper. Der lang gezogene Platz verfügt über mehrere Waschhäuser, die Touristenplätze befinden sich ganz am Ende auf einer Wiese, die meisten wunderschön gelegen und direkt am Wasser.

S 101 **Wohnmobilstellplatz Ratzeburg Aqua Siwa**
(S. 207 H3)
Fischerstraße, 23909 Ratzeburg, Tel. 04541/800 08 86, herzogtum-lauenburg.de/a-wohnmobilstellplatz-am-aqua-siwa
GPS: 53.695319, 10.775577
Der Stellplatz mit Strom sowie Ver- und Entsorgungsstation befindet sich neben dem Schwimmbad Aqua Siwa an der Badestelle am Großen Küchensee im Süden der Inselstadt. Auf dem geschotterten Platz gibt es zwölf Stellplätze. Kurze Geh-Entfernung ins Zentrum und naher ÖPNV-Anschluss, guter Ausgangspunkt für Wanderungen und Radtouren. Gutes Preis-Leistungs-Verhältnis, eine Reservierung ist nicht möglich.

Geheimtipp: Campingplatz Schwalkenberg am Ufer des Ratzeburger Sees

C 102 **Campingplatz Schwalkenberg** (S. 207 H3)
Dorfstr. 32 a, 23909 Römnitz, Tel. 0172/411 70 32, campingplatz-schwalkenberg.de
GPS: 53.706488, 10.768994
Ruhiger, direkt am Ostufer des Ratzeburger Sees gelegener, persönlich geführter Platz mit Blick auf die Halbinsel mit der Altstadt und dem Dom. Mit umfassender Infrastruktur (Duschen, Ver- und Entsorgung, Waschmaschine und Trockner, Gasflaschenaustausch, Strom und gut funktionierendes WLAN). Der Platz bietet in einem Kiosk einen Brötchenservice an, ein Restaurant gibt es in 350 Meter Entfernung. Etwas holprige Anfahrt über eine Kopfsteinpflasterstraße. Hundefreundlich.

C 103 **Natur-Camping Salemer See** (S. 207 H3)
Seestr. 60, 23911 Salem, Tel. 04541/825 54, camping-salem.de
GPS: 53.649705, 10.83571
Gepflegter Übernachtungsplatz im Herzogtum Lauenburg, gut geeignet für eine Zwischenstation zwischen Geesthacht und Ratzeburg. Idyllische Lage am Ufer des Salemer Sees mit naturnahen Stellplätzen im Uferbereich mit jeweils eigenen Stromanschlüssen. Es gibt ein neu errichtetes Bistro namens »Wildkehlchen«, dort kann man von dienstags bis sonntags auch Brötchen kaufen. In unmittelbarer Umgebung Rad- und Wanderwege sowie Wassersportmöglichkeiten.

C 104 **Campingplatz Zur schönen Aussicht**
(S. 207 H3)
Dorfstr. 3, 23909 Römnitz, Tel. 04541/33 48,

camping-ratzeburg.de
GPS: 53.707562, 10.767055
Dieser Platz liegt ebenfalls direkt am Ratzeburger See und in unmittelbarer Nachbarschaft zum oben beschriebenen Campingplatz Schwalkenberg. Die Parzellen sind durch Hecken getrennt, so bietet jeder Stellplatz Privatsphäre. Wasser und Strom am Platz, WLAN kostenlos. Die meisten Stellplätze für Urlauber liegen in der zweiten Reihe etwa 30 Meter vom See entfernt. Der Campingplatz bietet Sonne, Schatten, viel Platz und Grün. Viele Dauercamper.

C 105 **Naturcamping Buchholz** (S. 207 H3)
Am Campingplatz 1, 23911 Buchholz, Tel. 04541/42 55,
naturcampingbuchholz.de
GPS: 53.738486, 10.740133
Dieser Campingplatz liegt an der Westseite des Ratzeburger Sees und ist ein kleiner Geheimtipp für Naturliebhaber. Neue und ältere Sanitäranlagen, die zwar in die Jahre gekommen sind, aber gut gesäubert werden. Am Platz befindet sich ein Restaurant mit gutbürgerlicher Küche. Außerdem Waschmaschine, Wäschetrockner, Strom, Ver- und Entsorgung und täglicher Brötchenservice. WLAN reicht bis zu den meisten Stellplätzen. Nur die Campingparzellen sind reservierbar, nicht die Stellplätze zum Pauschaltarif.

S 106 **Wohnmobil Treff Lübeck** (S. 207 G1)
An der Hülshorst 11, 23568 Lübeck, Tel. 0451/321 11,
sportpark-huelshorst.com/stellplatz
GPS: 53.895860, 10.710980
Stadtnaher Wohnmobilstellplatz für 45 Wohnmobile, ein Bus fährt jede halbe Stunde in die Stadt, mit dem Fahrrad braucht man zehn Minuten. Günstiger Übernachtungspreis inklusive kleinem Verzehrgutschein für Restaurant. Moderne Sanitäranlagen mit münzbetriebenen Duschen. Der Stellplatz ist Teil des Parkplatzes einer Bowling-, Minigolf- und Freizeitanlage. Strom und Frischwasser erhältlich, WLAN vorhanden. Ideal für eine Nacht für die Erkundung von Lübeck.

C 107 **Campingplatz Lübeck-Schönböcken** (S. 207 G1)
Steinrader Damm 12, 23556 Lübeck, Tel. 0451/89 30 90,
camping-luebeck.de
GPS: 53.870217, 10.631245
Der gepflegte Campingplatz liegt westlich der Lübecker Altstadt, mit dem Fahrrad bis in die Altstadt sind es etwa vier Kilometer. Eine Bushaltestelle befindet sich direkt am Platz (15 Minuten Fahrzeit in die Altstadt mit der Buslinie 2). Gute Sanitäreinrichtungen mit münzbetriebenen Duschen, Kiosk und Brötchenservice. Großes Wiesengelände mit Hecken und Bäumen. Nähe zur Autobahn, aber trotzdem ruhig. Strom, Ver- und Entsorgung sowie Trinkwasserentnahmestellen vorhanden. Waschmaschine, Trockner, gutes WLAN.

Gepflegt, stadtnah und ruhig ist der Campingplatz Lübeck-Schönböcken.

Ein Highlight an der Ostsee ist der Timmendorfer Strand.

2

IM OSTEN GEHT DIE SONNE AUF

Entlang der Lübecker Bucht zur Sonneninsel Fehmarn

Wir machen uns auf zu den maritimen Ferienorten an der Ostsee. Gleich zu Beginn Travemünde: Dicke Pötte am Hafen, Fischrestaurants an der Strandpromenade und eine frische Meeresbrise sind der Auftakt für das Erlebnis Ostsee. Die Tour führt durch Ostholstein, es folgt das berühmte Ostseebad Timmendorfer Strand an der Lübecker Bucht. Mit maritimem Flair wartet die historische Hafenstadt Neustadt in Holstein auf. Schließlich überqueren wir Fehmarnsund und landen auf der Sonneninsel Fehmarn.

Nach der Großstadt Lübeck, deren Besichtigung am Ende von Tour 1 ausführlich auf dem Programm steht, besuchen wir nun viele kleine Ferienorte. Mit der **Lübecker Bucht** und **Travemünde**, wo die skandinavischen Fähren anlegen und der Alte Leuchtturm die Priwall-Promenade dominiert, findet nahtlos das Kontrastprogramm statt. Ein Verbleib hier ist unausweichlich und so können wir so bald nach Lübeck bereits wieder unsere Zelte aufschlagen – ein geeigneter Ort hierfür ist der **Campingplatz Ivendorf**.

Die Strecke zwischen Lübeck und Travemünde ist schnell zurückgelegt – **Travemünde** gilt trotz der Distanz von knapp 20 Kilometern als Stadtteil von Lübeck und liegt direkt an der Mündung der Trave in der **Lübecker Bucht**. Lübeck wird über die Travemünder Allee in nordöstliche Richtung verlassen; die Straße geht in die B 75 über, die uns ohne weiteres Abbiegen direkt nach Travemünde bringt. Auf dem **Parkplatz Am Fischereihafen** finden auch Wohnmobile Platz, nebenan ist ein Wohnmobilstellplatz vorhanden (der allerdings reinen Parkplatzcharakter hat, dafür aber kostengünstig ist und zentral liegt). Auf der gegenüberliegenden Straßenseite kann man von Mai bis Oktober eine fantastische Sandskulpturen-Ausstellung besuchen. Auf einer überdachten, 2500 Quadratmeter großen Ausstellungsfläche werden bis zu sieben Meter hohe Skulpturen aus Sand gezeigt, die repräsentativ für alle Kontinente sind – von Buddha und Sphinx über Angkor Wat bis hin zur afrikanischen Tierwelt.

Wahre Kunstwerke aus Sand gibt es in der Sandskulpturen-Ausstellung in Travemünde zu sehen.

ROUTE 2

START- UND ENDPUNKT
Travemünde und Insel Fehmarn

STRECKENLÄNGE
126 km

FAHRZEIT
6 bis 8 Tage

BESTE JAHRESZEIT
Mai bis September

MONDÄNES SEEBAD TRAVEMÜNDE

Einen kurzen Fußweg vom Parkplatz entfernt sind wir auch schon mittendrin im maritimen Geschehen Travemündes. Die Sehenswürdigkeit Nummer 1 am Ort ist der urige **Fischereihafen** am südlichen Ende von Travemünde. Mit maritimem Charme lädt der Hafen zum Bummeln und »Schiffegucken« an der Kaikante ein. Vor allem am Morgen geht es turbulent zu, wenn die Fischer ihren Fang in den Hafen bringen. Der alte Fischereihafen hat jüngst eine

C 207
Niobe-Denkmal
Fehmarn
Strandsauna
Mühle Flinke Laura
Wallnauer Teiche
S 209
C 208
C 206
Burg a. Fehmarn
Orther Reede
Fehmarnsund
Heiligenhafen
Hohwachter Bucht
Gut u. Herrenhaus Panker
Schloss Weissenhaus
Lütjenburg
Oldenburg i. Holstein
Bungsberg 168
Lensahn
Museumshof Lensahn
Kloster Cismar
C 205
Grömitz
Schloss Eutin
Eutin
Hasselburg
Neustadt i. Holstein
C 204
C 203
Lübecker Bucht
S 202
Scharbeutz
Ostsee-Therme
Timmendorfer Strand
Brodtener Steilufer
Vogelpark Eulengarten
Travemünde
C 200
S 201
Dummersdorfer Ufer
Schloss Bothmer
Schloss Lütgenhof
Steinzeitdorf
Boltenhagen
Klütz
Dassow
Grevesmühlen
LÜBECK
Bad Schwartau
Ratekau
Stockelsdorf

Fangfrischen Fisch gibt's überall am Hafen von Travemünde.

SPECIAL

FANGFRISCHER FISCH

Travemünde ist der Auftakt für alle Fischliebhaber, die an der gesamten Ostsee auf ihre Kosten kommen. Regionaler Fisch, morgens gefangen und mittags auf den Tellern der Gäste, das ist Genuss pur! Auch an den Fischbuden wird man fündig – hier hat man die Wahl unter anderem zwischen frisch zubereiteten Matjesbrötchen, krossem Backfisch oder köstlichem Räucherfisch direkt aus dem Räucherofen. Etwas Besonderes an der Ostseeküste ist die »Kutterscholle« – so werden einfache Fische genannt, die direkt vom frisch eingelaufenen Fangkutter kommen.

Frischzellenkur erhalten, in diesem Rahmen ist eine ganz neue **Hafenpromenade** mit vielen Restaurants, Cafés und Ferienunterkünften entstanden, die zum Flanieren einlädt. Die großen Frachtschiffe zu betrachten, die am **Skandinavienkai** festmachen, entschleunigt ungemein. Es wurde auch eine neue **Fischerhalle** gebaut. Am Fischereihafen befindet sich der Startpunkt der **Fischbrötchenstraße** – hierfür bedarf es wohl keiner weiteren Erklärung …

Travemünde
maritimer Stadtteil von Lübeck
Fischereihafen
Hafenpromenade
alter Ortskern
Ausflug zum Dummersdorfer Ufer
Straße Howingsbrook
B75 5,1 km
Brodtener Steilküste

Über die Hafeneinfahrt von Travemünde wacht ein **Leuchtturm**, es ist der älteste Leuchtturm Deutschlands. Erstmals urkundlich erwähnt wurde er um 1330, in seiner heutigen Form wurde er 1539 von holländischen Maurern errichtet und 2003/2004

grundsaniert. Heute beherbergt der 31 Meter hohe Turm im klassizistischen Stil ein **maritimes Museum**. Um die oberste Etage verläuft eine Aussichtsgalerie, von der aus man einen Blick über den Skandinavienkai, die Travemünder Altstadt und die Lübecker Bucht bis nach Mecklenburg-Vorpommern hat.
Den Charme des alten Ortskerns von Travemünde machen die Backsteinkaten und schwarz-roten Fachwerkhäuschen aus – mittendrin prangt die behäbige **St.-Lorenz-Kirche**, ein einschiffiges Backsteingebäude aus dem 16. Jahrhundert mit schönen Wand- und Deckenmalereien. Nahe dem Ortskern ist die **Alte Vogtei** ein beliebtes Fotomotiv. In dem markanten Backsteinbau, der ebenfalls dem 16. Jahrhundert entstammt, residierte im Mittelalter der Stadtvogt, heute sind in dem Gebäude ein Café, Läden und ein Restaurant untergebracht. In einem Altstadthaus befindet sich das kleine, aber

Segel setzen! Im Hintergrund der Viermaster Passat

feine **Seebadmusem**, das den Aufstieg Travemündes vom Fischerdorf zum kaiserlichen Seebad und seine Entwicklung bis heute dokumentiert.
Vis-à-vis dem Fischereihafen schauen wir auf die Landzunge **Priwall**, die die Hafenzufahrt von der offenen See trennt. Diese Enge müssen alle ein- und ausfahrenden Schiffe passieren, Fußgänger überqueren sie auf einer kurzen Fährüberfahrt. Die Halbinsel ist erst vor Kurzem zu neuem Leben erwacht und begeistert nun mit ursprünglicher Natur und einem wahrhaft traumhaften Naturbadestrand. Der feinsandige Strand mit Dünenlandschaft und angrenzendem Wäldchen ist ideal für entspanntes Sonnenbaden abseits des Trubels.
An der neu entstandenen Uferpromenade des Priwalls liegt das Wahrzeichen von Travemünde, die **Viermastbark Passat**. Einst war es der schnellste Lastensegler der Welt, seit 1959 ist der Windjammer in Rente und liegt am Priwall vor Anker, wo er besichtigt werden kann. Der Viermaster ist heute Museum und Veranstaltungsort und steht unter Denkmalschutz. In der Weihnachtszeit werden die Masten mit einer Lichterkette geschmückt und abends beleuchtet.
Der Priwall hat eine große historische Bedeutung: Während sich von 1961 bis 1990 westdeutsche Badetouristen am Ostseestrand sonnten, wagten auf der anderen Seite DDR-Bürger die Flucht über die Ostsee – nur wenige Versuche waren erfolgreich. Heute erinnert nur noch ein massiver Gedenkstein an der Mecklenburger Landstraße an die innerdeutsche Grenze, die hier verlief.
Auf der Halbinsel Priwall und an der Promenade befindet sich auch die **Ostseestation Travemünde**. Hier tummeln sich heimische Meeresbewohner in Aquarien. Vielseitige Gastronomie und Läden bietet die **Markthalle**, in der man bei jedem Wetter essen, shoppen und bummeln kann.

Der Leuchtturm von Travemünde ist der älteste Leuchtturm Deutschlands.

Spaziergang auf der Travepromenade

Tipp

PROMENADENRUNDLAUF

Wer keine der Sehenswürdigkeiten Travemündes verpassen will, kann ganz entspannt dem Promenadenrundlauf folgen. Startpunkt ist die Nordermole auf der Stadtseite, dann geht es mit der Fußgängerfähre über die Travemündung. Auf der Priwallseite stehen die Viermastbark, die Ostseestation und der alte Kohlenhof auf dem Programm, bevor es mit der Autofähre zum Fährplatz am Fischereihafen geht. In der Altstadt sind dann die Alte Vogtei, die St.-Lorenz-Kirche und das Seebadmuseum zu bewundern. Über die Travepromenade, vorbei an Leuchtturm und Lotsenstation, kommt man zurück zur Nordermole.

Wenn wir uns noch ein bisschen im Umland von Travemünde umschauen wollen, empfiehlt sich ein Ausflug zum **Dummersdorfer Ufer**. Steilhänge und Strand, Wald, Feuchtwiesen und grasende Schafe, Heidschnucken und Ziegen prägen das Landschaftsbild des Naturschutzgebietes zwischen Lübeck und Travemünde. Vom Steilufer der Trave aus blicken wir über das Wasser auf der einen und die Natur auf der anderen Seite. Durch das wunderschöne Gebiet führen verschiedene Spaziergänge und Rundwege von fünf bis zehn Kilometer Länge. Besucher des Naturschutzgebietes parken auf dem Wanderparkplatz Dummersdorfer Ufer am Hirtenbergweg. Man kann von Travemünde aus aber auch mit dem Fahrrad ans Dummersdorfer Ufer gelangen (siehe Kasten), wofür man ungefähr eine halbe Stunde benötigt. In Travemünde gibt es mehrere Fahrradvermietungen: den Fahrradverleih am Strandbahnhof (Bertlingstr. 21), »Das Fahrrad« (Mooredder Str. 15), »WAY2BIKE Landal« (Meeresrau-

RADTOUR

ZUM DUMMERSDORFER UFER

Die Radtour startet in der Altstadt Travemündes und führt über die Ortschaften Ovendorf und Pöppendorf. Von der Pöppendorfer Hauptstraße geht es rechts in die Straße Hohenstein, dann über die B 75 hinweg und bis zur Straße Sandfeld. Ab hier folgt man der Ausschilderung des Tierheims, fährt an diesem vorbei und bis zum Parkplatz Dummersdorfer Ufer am Hirtenbergweg. Jetzt befinden wir uns am Stülper Huk, eine kleine Halbinsel und Zielort der Tour. Die Halbinsel erkundet man am besten zu Fuß über den ausgewiesenen Rundweg. Zurück nach Travemünde geht es auf demselben Weg (einfache Strecke: 10,6 km, 52 Hm).

schen 2) und den Fahrradverleih »TobisRad« (Trellerborgallee 2). Ein E-Bike kann man beim E-Bike-Verleih Travemünde (Rönnauer Weg 1 c) mieten.

Brodtener Steilküste
Straße Pfingsbusch
B76 6,7 km
Timmendorfer Strand

Ob mit dem Rad oder zu Fuß: Im Naturschutzgebiet sollte man stets auf den Wegen bleiben, um Flora und Fauna nicht zu stören, und Hunde müssen an der Leine geführt werden.

KATZENSPRUNG ZUM TIMMENDORFER STRAND

Weit müssen wir nicht fahren, um zur nächsten Küstenattraktion zu gelangen: Wir nehmen Kurs auf den Timmendorfer Strand, wozu wir Travemünde über die B 75

Schicke Häuserzeile gegenüber vom Fährhafen

Richtung Norden verlassen. Bevor die Bundesstraße in die B 76 übergeht, biegen wir rechts in die Straße Howingsbrook und bei der nächsten Möglichkeit fahren wir links auf die Straße Werderberg. Es geht vorbei am Golf-Klub, und beim Erlebniscafé Hermannshöhe treffen wir auf die **Brodtener Steilküste**. Leider darf man das Wohnmobil nicht auf dem Parkplatz des Cafés abstellen. Man kann jedoch im Ort Alt-Travemünde/ Rönnau parken und dann zu Fuß bis zur Steilküste gehen, was gut machbar ist. Neben einer Einkehr in der besonderen und vor allem herausragend schön gelegenen Gaststätte kann man ein Stück die Steilküste entlanggehen und die Aussicht genießen.

Wir erreichen auch eine Treppe, die hinunter zum Strand führt, und ein Stückchen weiter treffen wir am sogenannten Niendorfer Balkon auf die malerische **Seebrücke Niendorf**. Sie ist originell in Fischform gehalten, was ihr den Beinamen »Fischkopf« eingebracht hat. Die Form der Brücke sieht man am besten auf einer Luftaufnahme, eine solche befindet sich auf einer Infotafel am Brückenkopf – darauf wird auch die geschichtliche Entwicklung des Strandlebens skizziert. Es gibt einen Bereich mit höchst bequemen, drehbaren Sonnenliegen aus Holz. Zum Sonnenuntergang ist es ein ganz besonders schöner Spot – aber auch tagsüber ist die 185 Meter lange Seebrücke ein echtes Erlebnis, das man nicht verpassen sollte.

Wieder an Bord des Wohnmobils, folgen wir nun der B 76 zum **Ostseebad Timmendorfer Strand**. Es ist nur eine sehr kleine Fahrdistanz, dann haben wir den Ferienort erreicht. Das Blau der See wetteifert mit den strahlend weißen Strandkörben, die den Strand bedecken – hier kommt so richtig Strandfeeling auf! Zum Ostseebad gehören der oben genannte Ort **Niendorf** mit seinem sehenswerten Hafen, an dem sowohl Fischkutter als auch Luxusjachten festmachen, und das beschauliche Örtchen **Hemmelsdorf** mit einem riesigen, naturbelassenen Binnensee als Herzstück.

Eine Naturschönheit ist die Brodtener Steilküste.

Seebrücke mit japanischem
Teehaus am Timmendorfer Strand

ABWECHSLUNG IM BERÜHMTEN OSTSEEBAD

Das vielseitige Seebad Timmendorfer Strand hat trotz seiner überschaubaren Größe (knapp 9000 Einwohner und eine Fläche von 20 Quadratkilometern) einiges zu bieten – vor allem ein maritimes Flair. So bildet eine nagelneue **Seebrücke** (Einweihung im Sommer 2023) den Mittelpunkt des Ortes. Von ihr aus hat man den besten Blick über den wunderschönen Strand. Sitzbänke stehen bereit, um diesen Anblick besonders genießen zu können. Direkt an der Brücke legen auch die **Ausflugsschiffe** ab, auf denen man Seebädertouren durch die Lübecker Bucht unternehmen kann. Man kann nach Boltenhagen oder Grömitz schippern, zwei schöne Ostseebäder, die zum Bummeln und Flanieren einladen. Bei der Erlebnisfahrt fährt man am oben beschriebenen Brodtener Steilufer entlang und sieht so dieses Naturwunder aus einer ganz anderen Perspektive. Bei allen Fahrten inklusive ist Wissenswertes und Spannendes, unterhaltsam vom Kapitän vorgetragen.

Highlight des Timmendorfer Strandes ist der lange **Sandstrand** mit zahlreichen Strandaufgängen. Eine Promenade führt an ihm entlang, teilweise sogar durch Wald und vorbei an vielen Läden, Cafés und Restaurants. Schöne Plätze, Brunnen und Statuen bereichern die Promenade. Wassersportfans können in der Ostsee baden, tauchen und surfen. Vom Strand fußläufig erreichbar, findet man im Aquarium **SEA LIFE** einen umfangreichen Querschnitt durch den Artenreichtum

Kilometerlanger Timmendorfer Strand

Hinter dem Strand befindet sich der Ortskern.

hiesiger und tropischer Gewässer. 1,5 Kilometer von der Maritim-Seebrücke entfernt, verbindet die **Seeschlösschenbrücke** nordisches und asiatisches Lebensgefühl. Sie wurde im Jahr 2014 neu errichtet und ist sehr beliebt bei Gästen und Urlaubern. Einem japanischen Teehaus ist das Gebäude am Brückenkopf nachempfunden, es beherbergt ein Restaurant. In die Unterwasserwelt des Timmendorfer Strandes kann man durch eingelassene Glasböden schauen. In den Dünen und unweit der Seebrücke beherrscht ein tonnenschweres Abbild des »Panikrockers« Udo Lindenberg mitsamt der abstrakten Darstellung zum Thema »Horizont« als Stahlskulptur die Kulisse. Dem Rockstar, der sich sowohl privat als auch mit seinem Panikorchester öfter hier aufhält, wird damit schon zu Lebzeiten ein Denkmal gesetzt. Der **alte Kurpark** des Ostseebades bietet einen wunderbaren alten Baumbestand. Man kann die Anlage mit dem Fahrrad über den Radweg erkunden, sich ein lauschiges Plätzchen im Schatten suchen oder sich beim Joggen oder Nordic Walking austoben. Zentral zwischen Strand und Kurpromenade gelegen, verlockt der **neue Kurpark** zu einem Besuch. In diesem befindet sich unter anderem die Trinkkurhalle aus dem Jahr 1950, die unter Denkmalschutz steht. Die Halle wird für Veranstaltungen genutzt, es finden regelmäßig Vorführungen, Konzerte und Lesungen statt. Es gibt eine Shoppingmeile und der Seepferdchenbrunnen im Zentrum des Parks ist mit seinen Skulpturen im Wasserbecken ein besonders schönes Plätzchen. Wer zuvor noch nicht bei der Seebrücke Niendorf war, kann dies jetzt nachholen.

Timmendorfer Strand
Maritim-Seebrücke
langer Sandstrand mit Promenade
alter und neuer Kurpark
B76
Niendorfer Hafen
5,1 km
Scharbeutz
B76
Sandstrand und Seebrücke
B432
Bäderstraße
A1
Hansa-Park

Nahe der Seebrücke finden Besucher eine Stahlskulptur von Udo Lindenberg.

Neben der fischförmigen Seebrücke ist auch der **Niendorfer Hafen** mit seinem außergewöhnlichen Flair ein Erlebnis. Man kann dem geschäftigen Treiben der Fischer zuschauen und natürlich gibt es fangfrischen Fisch direkt vom Kutter.

KÜSTENETAPPE DURCH OSTHOLSTEIN

Auch zum nächsten Ziel, dem Ostseeheilbad **Scharbeutz**, ist es eine kaum erwähnenswerte, kurze Fahrt. Die B 76 führt uns zunächst an der Küste entlang und dann direkt ins Zentrum. Am südlichen Ortsrand passieren wir bereits eine Attraktion, nämlich die **Ostsee-Therme** in der Strandallee 143; sie bietet alles, was man zur Entspannung braucht – und das mit Blick auf die Ostsee, beispielsweise kann man von der Textilsauna aus direkt aufs Meer schauen. Wer nicht in einer der Saunen schwitzen möchte, genießt das Erlebnisbad mit Riesenrutsche, Salzwasserbecken und Strömungskanal oder chillt an einer der Wellnessstationen.
Outdoor entspannen ist angesagt am 6,5 Kilometer langen, feinen **Sandstrand** – mit Familienstrand, FKK-Strand und Hundestrand ist für jeden Anspruch gesorgt. Eine neu gestaltete, geschwungene Strandpromenade führt hinter dem Strand an den Dünen entlang und lädt zum Flanieren ein. Wo es so viel Zugang zum Meer gibt, sind natürlich auch fast unbegrenzte Wassersportmöglichkeiten vorhanden: Segeln, Stand-up-Paddling, Kiten, Beachsoccer oder Beachvolleyball – es gibt nichts, was der Wassersportfan nicht unternehmen könnte. Auch Scharbeutz hat eine **Seebrücke**, diese ist ebenfalls ganz neu gestaltet und präsentiert sich in Z-Form. Vom Seebrückenkopf aus starten Tauchausflüge und Fahrgastschiffe. Vor allem in den Abendstunden versuchen viele Angler ihr Glück an der Seebrücke. Umgeben von Dünen, Wiesen und Wäldern ist die **Strandkirche Scharbeutz** allein aufgrund ihrer Lage etwas ganz Besonderes.
Mit den beiden Plätzen Womohafen Scharbeutzer Strand und Ferienpark Scharbeutz gibt es zwei strandnahe Übernachtungsmöglichkeiten, von denen aus auch das Zentrum gut zu Fuß erreichbar ist.
Nach dem Stopp in Scharbeutz mit dem herrlichen Strand, der für manch einen als der schönste Strand Deutschlands gilt, geraten wir eine Schrecksekunde lang auf die A 1. Freunde von Freizeit- und Vergnügungsparks verlassen die Autobahn jedoch gleich wieder an der Ausfahrt 15, um dem **HANSA-PARK** einen Besuch abzustatten. Rund 40 Fahrattraktionen und Nervenkitzel in diversen Themenwelten warten auf kleine und große Wagemutige. Etwas fürs Auge sind die farbenfrohen Gärten, die zu einer Reise durch die Länder und Mythen dieser Welt einladen. Natürlich liegt der Schwerpunkt des Spaßparks auf dem Thema Was-

Hansa-Park
großer Freizeit- und Vergnügungspark
Pohnsdorfer Straße
5,5 km
Neustadt in Holstein
fjordähnlicher Fährhafen
Kremper Tor
schöne Altstadt mit Marktplatz
Ortsteil Pelzerhaken mit Leuchtturm
B432
14,6 km
Grömitz

KULTUR

EVENTS AN DER SEEBRÜCKE

Im August sorgt das Straßenkünstlerfestival für viel Unterhaltung: Akrobaten, Artisten, Clowns, Zauberer, Tänzer und Gaukler verzaubern ihr Publikum und verwandeln den Seebrückenvorplatz in einen Open-Air-Zirkus. Atmosphärisch geht es zu im Herbst, wenn der Fußgängerbereich an Strandallee und Seebrücke illuminiert ist.

Strandidylle in Scharbeutz

ser – befindet er sich doch als Deutschlands einziger Erlebnispark direkt am Wasser. Spritzige Bootsfahrten und Schiffsmodelle tragen diesem Umstand Rechnung. Abgerundet wird das Angebot durch Shows und Paraden.

ALT UND CHARMANT: NEUSTADT IN HOLSTEIN

Auch ohne den Abstecher können wir die A 1 an der Ausfahrt 15 verlassen und erreichen so bequem über die Pohnsdorfer Straße den Kurort **Neustadt in Holstein**. Nach wie vor fahren wir an der Lübecker Bucht entlang, obwohl wir die Stadt und ihren Stadtteil Travemünde schon vor einiger Zeit hinter uns gelassen haben. Der maritime Charme herrscht auch hier vor, vor allem im Bereich des fjordähnlichen **Seehafens**, wo der Hering aus den Nachbarorten angeliefert wird. Der Hafen verbindet die offene See fast direkt mit dem lebendigen, mittelalterlichen Zentrum des Ortes, das ebenfalls recht sehenswert ist. Von den Terrassen der Hafenrestaurants aus oder mit einem Fischbrötchen auf die Hand blickt man auf die großen Segelboote. Entlang der Hafenpromenade bietet der sogenannte **Neustädter Kunst-Kilometer** schleswig-holsteinischen Kunstschaffenden die Möglichkeit, Skulpturen und Installationen im öffentlichen Raum vorzustellen. Der Skulpturenweg ist ganzjährig frei zugänglich und eine Visite wert.

Die Bedeutung des Hafens in der Geschichte der Stadt wird im **Mitmach-Museum zeiT-Tor** veranschaulicht. Dieses ist im **Kremper Tor** untergebracht, dem einzig erhaltenen mittelalterlichen Stadttor außerhalb Lübecks an der Lübecker Bucht. Durch das Kremper Tor betreten wir denn auch die Altstadt.

Auf dem **Marktplatz** – es ist der zweitgrößte Marktplatz in Schleswig-Holstein – mit den Wasserspielen und den Fischer-Statuen findet dienstags und freitags ein Wochenmarkt statt. Dann gibt es zwischen 8 und 13 Uhr Obst, Gemüse, Kartoffeln, Blumen, Backwaren, Fleisch und Fisch, südländische Spezialitäten, Eier und Honig zu kaufen. Das Angebot an Bioprodukten ist dabei reichhaltig. Blickfänge auf dem Marktplatz sind das weiße Rathaus aus dem Jahr 1820 und die mittelalterliche Backsteinkirche, in deren Innerem man noch original gotische Bemalungen bewundern kann. Zwischen Marktplatz und Kremper Tor erstreckt sich die Fußgängerzone.

Zwei Kilometer südlich des Hafens findet man einen herrlichen **Sandstrand**. Fußgänger und Radfahrer können den Strand über die autofreie Uferpromenade **Jungfernstieg** erreichen. Noch mehr Strand bietet **Pelzerhaken**, ein Ortsteil der Gemeinde Neustadt in Holstein, etwa fünf Kilometer vom Zentrum Neustadts entfernt. Der Strand hier ist der einzige an der Lübecker Bucht mit Südausrichtung – perfekt zum Sonnenbaden! Sehenswert in Pelzerhaken ist der **Leuchtturm**, einer der ältesten Leuchttürme Deutschlands. Er ist knapp 20 Meter hoch, mit roten Ziegeln verblendet und dient als Orientierungslicht in der Neustädter Bucht. Vom Strand führt ein Promenadenweg in westliche Richtung und am Leuchtturm vorbei. Ziel ist der Surferstrand hinter den Dünen. Das flache Wasser mit den Sandbänken bietet hier ideale Bedingungen für Kite- und Windsurfer, vor Ort gibt es auch zwei Surf- bzw. Segelschulen.

Der Hafen von Neustadt in Holstein ist traumhaft schön.

BEZAUBERNDES GRÖMITZ

Wir verabschieden uns von Neustadt in Holstein und nehmen auf der B 501 weiter Kurs Richtung Ferieninsel Fehmarn – einige sehr schöne Stopps liegen aber noch auf dem Weg dorthin. Der erste ist das wunderschöne Ostseeheilbad **Grömitz**, das seit 1813 Gäste empfängt und somit zu den ältesten Seeheilbädern an der Ostsee zählt. Die fast 400 Meter lange **Seebrücke** ist die längste in Schleswig-Holstein und deshalb natürlich ein Besuchermagnet. Am Seebrückenkopf befindet sich eine **Tauchergondel**, in der man trockenen Fußes ein paar Meter unter die Meeresoberfläche abtauchen kann. Neben der Seebrücke lockt die Strandbar Beach-Lounge mit einem Sonnenuntergangs-Cocktail.

Am Seebrückenkopf liegen während der Saison die beiden Segelschiffe **Loth Loriën** und **J. R. Tolkien** vor Anker – Urlauber können damit beispielsweise eine romantische Sonnenuntergangstour unternehmen. An der modernen Hafenanlage kann man aber auch Tretboote mieten, segeln oder sich anderen Wassersportarten hingeben.

Wie die meisten Ostsee-**Strandpromenaden** ist auch die in Grömitz sehr schön und vor allem sehr lang: Auf drei Kilometern schlendert man vorbei an Kunst, Boutiquen, Cafés, Imbissen und Souvenirläden – Ruhezonen sorgen dafür, dass auch der Entspannungsfaktor nicht zu kurz kommt. Die in die Pflasterung eingelassenen Messingplatten haben der Promenade den Beinamen »Walk of Fame« beschert. Gäste und Einheimische haben sich in den Platten verewigt. Ungefähr in der Mitte befindet sich die Seebrücke und am südwestlichen Ende ein riesengroßer Jachthafen.

Auf der Promenade passiert man auch das Erlebnis-Meerwasser-Brandungsbad **Grömitzer Welle**, ein Wellness- und Wasserparadies mit Wellenbad, Whirlpool, Strömungskanal, Wasserrutsche, Kurs- und Animationsprogramm sowie einer Wellnesslandschaft mit Dampfbad, diversen Saunen, Außenpool mit Meerblick, Eisbrunnen und vielem mehr. Eine kleine Sensation im Ort

Tipp

SEEBRÜCKE ZUM SONNENAUFGANG

Aufstehen, bevor die Sonne aufgeht, durch das menschenleere Grömitz spazieren und zum Sonnenaufgang bei der Seebrücke sein – könnte ein Tag entspannter starten? Ganz am Ende der Seebrücke ist das Erlebnis am intensivsten, schon allein wegen der unglaublichen Stille, die einen umgibt!

WANDERUNG

RUNDE VON DAMESHÖVED

Diese Wanderung ist etwas Besonderes, weil der Großteil des Weges am Meer entlangführt. Wir starten am Strandparkplatz von Dahme, wandern durch den Ort über den Nystedplatz und nach der Seebrücke an der Promenade entlang. Wir nehmen den dritten Strandzugang zum Leuchtturm und folgen der Beschilderung nach Kellenhusen, wo wir die Seebrücke bestaunen. Anschließend gehen wir etwa 1,2 Kilometer zurück, ein Feldweg zweigt nach links ins Landesinnere ab. Über das Gehöft Bokhorst wandern wir in die Wälder des Dahmer Geheges, bis wir auf die Waldstraße treffen. Dieser folgen wir ein kurzes Stück nach rechts, wandern am Kurpark vorbei und gelangen schließlich wieder zum Ausgangspunkt.

↑ Im maritimen Grömitzer Jachthafen pulsiert das Leben. ↓ Die Seebrücke von Grömitz ist die längste im Bundesland.

↑ Am Ende der Grömitzer Seebrücke gibt es Tauchgänge in einer Tauchergondel. ↓ Auf Abenteuerfahrt mit dem Segelschiff J. R. Tolkien

ist die **Grömitzer Steilküste**. Es entschleunigt ungemein, einmal auf die vom Trubel etwas abgelegene Steilküste hinaufzuklettern, sich auf einer Bank niederzulassen und den Blick über die weite Ostsee schweifen zu lassen. Auch mit dem Fahrrad lässt es sich auf der Steilküste entspannt radeln, und schöne Spaziergänge sind sowieso möglich. Ein Bilderrahmen ist vor Ort, durch den man den Ort Grömitz und den Jachthafen aus einer ganz anderen Perspektive betrachtet. Idyllisch geht es auch am **Lensterstrand** zu, einem Naturstrand fernab vom Ortskern mit einer wunderschönen Dünenlandschaft und Vogelschutzgebieten.

In der Umgebung von Grömitz sind vor allem die benachbarten Ostseeheilbäder **Dahme** mit dem **Leuchtfeuer Dahmeshöved** – das fast 30 Meter hohe Bauwerk wird »Licht der Freiheit« genannt, denn DDR-Bürger nutzten bei ihren Fluchtversuchen über die Ostsee die Strahlen als Zielmarke – und **Kellenhusen** einen Ausflug wert. Ungewöhnlich für ein Ostseeheilbad sind die alten Eichen, die an heißen Sommertagen viel Schatten spenden. Auch in Kellenhusen dominiert wieder eine Seebrücke – diese nennt sich **Erlebnis-Seebrücke**, was durchaus berechtigt scheint, denn sie unterscheidet sich nicht nur durch ihre markanten Rundbögen von anderen, sondern bietet auch diverse Themeninseln für Groß und Klein.

GROSSES FINALE

Es ist so weit – wir sind auf der Zielgeraden auf die Sonneninsel **Fehmarn**. Das letzte Wegstück (etwa 45 Kilometer bis zur Brückenüberfahrt auf die Insel) legen wir über die B 501 zurück. Dann gelangen wir zu der imposanten **Fehmarnsundbrücke**, welche die Insel mit dem Festland verbindet. Schon 30 Kilometer vorher taucht sie immer mal wieder am Horizont auf. Sie wird passenderweise »größter Kleiderbügel der Welt« genannt, und wer vor der Überfahrt zu einem der Aussichtspunkte fährt – zum Beispiel zu dem in Großenbroderfähre, einem Ortsteil von Großenbrode, westlich der Brücke, kann diese Bezeichnung leicht nachvollziehen. Um zu dem Aussichtspunkt zu gelangen, parkt man in Großenbroderfähre beim Kiosk und geht über die Spielstraße und einen kurzen Trampelpfad zum Strand hinunter – neben dem tollen Blick auf die Brücke gibt es hier übrigens auch einen einsamen Naturbadestrand.

Grömitz
moderne Hafenanlage
lange Strandpromenade
Grömitzer Steilküste
Naturstrand Lensterstrand
B501
45 km
Fehmarnsundbrücke
Insel Fehmarn
Hauptort Burg
Museen

Die nach Usedom und Rügen drittgrößte Insel Deutschlands im Norden Schleswig-Holsteins ragt zwischen Lübecker und Kieler Bucht weit in die Ostsee hinein. Die fast einen Kilometer lange und 21 Meter breite Fehmarnsundbrücke bietet Platz für eine zweispurige Fahrbahn, einen Gehweg und für die Eisenbahn. Sie ist längst zu einem Wahrzeichen des Bundeslandes geworden und steht seit 1998 unter Denkmalschutz. Die Brücke ist maut- und gebührenfrei befahrbar. Aber Achtung: Bei starkem Wind oder Sturm kann sie teilweise oder sogar komplett gesperrt werden!

Auf der 185 Quadratkilometer großen Insel verteilen sich verschiedenartige Küstenbereiche, unberührte Landschaften, herrliche Strände, und viele Entdeckungstouren sind zu Fuß oder mit dem Fahrrad möglich. Es befinden sich der nordöstlichste und der östlichste Punkt Deutschlands auf Fehmarn. Hauptort im Zentrum und größte Stadt der Insel ist **Burg**. Obwohl der Ortskern nicht direkt am Meer liegt, verströmt das Städtchen maritimes Flair, denn der Ortsbereich erstreckt sich bis zum Hafen. Beim Betrachten der liebevoll erhaltenen Bürgerhäuser des Ortes kann man sich in vergangene Jahrhunderte zurückversetzt fühlen. Unbedingt einen Besuch wert ist das **Meereszentrum Fehmarn** – die tropische Meereswasseranlage zählt zu den größten Aquarien Europas, Highlight ist das Haifischbecken. Das älteste Haus der Insel in der Breiten Straße in Burg beherbergt das **Fehmarn Museum**, wo man einiges über die Geschichte der Insel und das Leben der hiesigen Seeleute erfährt. Jahrhundertealte Traditionen spiegeln sich in Schiffsmodellen und Fischereiutensilien wider.

FEHMARN ENTDECKEN

Eine hervorragende Parkmöglichkeit für das Wohnmobil ist der Parkplatz Gerro im Zentrum von Burg, man kann hier sogar kostengünstig übernachten. Der Parkplatz ist ab 18 Uhr kostenlos und schließt um 22 Uhr für Tagesbesucher. Auch der große Parkplatz am Hafen Burgstaaken eignet sich gut für Wohnmobile, liegt allerdings weit von Burgs Innenstadt entfernt.
Burgstaaken heißt der Hafenbereich südlich von Burg. Es ist ein Erlebnishafen, von dem die Fischfangflotte ausläuft und die Angel-

Einer von vielen Leuchttürmen auf Fehmarn ist der Leuchtturm Flügge.

Der beschauliche Hafen von Burgstaaken ist ein Erlebnishafen.

und Ausflugsschifffahrten starten. Ein schönes Hafenflair mit urigen Kneipen, schönen Restaurants und Cafés sowie zahlreichen Freizeiteinrichtungen (beispielsweise »Silo Climbing«, fehmarn.de/poi/silo-climbing-fehmarn) zeichnen das Hafengebiet ebenso aus wie ganz besondere Museen. Im **Museum Abenteuer Übersee** können Besucher eine Expedition im Jahr 2004 nacherleben: eine Weltreise von Amerika bis China. Mit Fotos, Multimediapräsentationen, Wachsfiguren und Hörstationen wird von Menschen, Ländern und versunkenen Kulturen berichtet. Um die Geschichte der Seenotrettung geht es im Museum an Bord des früheren Seenotkreuzers **Arwed Emminghaus**. Thema des zugehörigen **Seenotrettungsmuseum Fehmarn** ist die Zeit der Seenotrettung der letzten 150 Jahre. Das Schiff liegt in unmittelbarer Nähe des Museums Abenteuer Übersee vor Anker. Gleich nebenan kann man sich im **U-Boot-Museum Fehmarn** ein Bild über die Entwicklung des deutschen U-Boot-Baus machen – U-Boot-Besichtigung inklusive. Neben Burg sind vor allem die Ortschaften Puttgarden und Petersdorf relevant. **Puttgarden** im Nordosten der Insel hat einen großen Fährhafen und verbindet unter anderem Deutschland und Dänemark – deshalb wird das Dorf auch »Tor zum Norden« genannt. Von **Petersdorf** im Westen Fehmarns erspäht man als Erstes den 62 Meter hohen Kirchturm der St.-Johannis-Kirche. Da man die Turmspitze auch vom Meer aus sieht, gilt sie als Orientierungshilfe für Seefahrer und ist sogar in internationalen Seekarten verzeichnet. Nicht nur die genannten, sondern alle Örtchen und Dörfer auf Fehmarn sind sehr charmant. Es sind insgesamt 38 Orte, von der ehemaligen Slawensiedlung über die ländliche Idylle bis hin zum touristischen Ferienort ist alles vertreten.

Kommen wir zu den **Stränden**, den wichtigsten Besuchermagneten der Insel. Insgesamt verfügt Fehmarn über eine Strandlänge von 78 Kilometern – hier sollte wirklich jeder fündig werden! Der **Nordstrand** ist ein eher ruhiger Naturstrand zwischen Puttgarden und dem Naturschutzgebiet Grüner Brink. Es gibt einen Parkplatz und einen kleinen Kiosk. An der Westküste lädt der **Weststrand** mit seinem kilometerlangen Strand zum (Sonnen-)Baden ein. Das Wasser wird

Aus dem Ort Burg ragt der Turm der Kirche St. Nikolai empor.

hier schnell tief, die Spannweite reicht vom breiten, flachen Sandstrand, der ideal für Familien mit Kindern ist, bis zum eher naturbelassenen Strand Püttsee mit Kiosk und Strandkorbvermietung. Den beliebtesten Strand der Insel findet man mit dem **Südstrand** im Burger Ortsteil Burgtiefe. Der südlichste Strand ist fast schon wie eine Lagune mit seiner Breite und dem weißen Sand, geschützt von zwei Steinwällen. Rund um den Strand gibt es Strandkörbe, ein WC, Umkleidekabinen, Kioske und Eisdielen. Weiter östlich laden die Steilküsten zum Wandern ein – die Kulisse mit dem schmalen Strand, den Steinen und Felsbrocken ist sehr malerisch. Schließlich wird auf Fehmarn auch an die Fellnasen gedacht – es gibt drei ausgewiesene **Hundestrände**: an den Stränden von Meeschendorf, Grüner Brink und Bojendorf.

Neben den Stränden ist Fehmarn für die **Naturschutzgebiete** bekannt. Im Norden der Insel liegt das Naturschutzgebiet **Grüner Brink**, das sich über 2,5 Kilometer entlang der Küste erstreckt. Darin werden die Strandwalllandschaft und die vielfältige Vogel- und Pflanzenwelt geschützt. Rothalstaucher, Gänse und Seeschwalben können beobachtet werden, bis zu 170 Arten kann man übers ganze Jahr verteilt zu Gesicht bekommen. Im Naturschutzgebiet **Wasservogelreservat Wallnau** an der Westküste ist die von Teichen, Schilfflächen, Wiesen und kleinen Gehölzen geprägte Kulturlandschaft unter Schutz gestellt. Über die Vogelarten kann man sich auf einem Naturlehrpfad oder bei einer Führung informieren. 751 Hektar groß ist das Naturschutzgebiet **Nördliche Seeniederung**; es liegt im Norden und besteht aus drei Teilflächen, die an die beiden oben genannten Schutzgebiete angrenzen. Markant ist hier die für die Ostsee typische

Landschaft mit Strandwallbildungen und eingeschlossenen Lagunen und Binnenseen. An der Südwestecke der Insel schließlich bietet das Naturschutzgebiet **Krummsteert-Sulsdorfer Wiek** einer Vielzahl von Arten einen Lebensraum. Galloway-Rinder und Schafe beweiden zudem das Gebiet, das man bei einem Deichspaziergang vom Orther Hafen zum Flügger Leuchtturm am besten erkunden kann.

Was eine richtige Ostseeinsel ist, muss entsprechend mit **Leuchttürmen** ausgestattet sein. Fünf an der Zahl sorgen dafür, dass die Schiffe stets den richtigen Weg finden. Ganz nebenbei sind es natürlich maritime Wahrzeichen mit einer langen Tradition. Der **Leuchtturm Flügge** am südwestlichsten Inselzipfel ist der einzige, der besichtigt werden kann – der Blick von der Aussichtsgalerie ist sensationell (1. April bis 31. Oktober: Dienstag bis Sonntag jeweils 10 bis 17 Uhr). In der Nordwestecke Fehmarns ist der achteckige **Leuchtturm Westermarkelsdorf** mit dem weißen Backsteinmauerwerk und der leuchtend roten Laterne ein ganz besonderer Blickfang. Der Turm steht unter Denkmalschutz, ebenso wie der ebenfalls achteckige **Leuchtturm Strukkamphuk** am Fehmarnsund. Der jüngste Vertreter auf der Insel ist der **Leuchtturm Staberhuk** aus dem Jahr 1903 an der südöstlichsten Spitze: Er ist in gelben und roten Backsteinen gehalten. Schließlich dient der schlanke Betonbau des **Leuchtturms Marienleuchte** im klassischen rot-weißen Gewand der Schifffahrt auf dem Fehmarnsund als Orientierung.

Tipp

JIMI-HENDRIX-GEDENKSTEIN

Ganz in der Nähe des Leuchtturms Flügge gab Jimi Hendrix im September 1970 auf dem Love-and-Peace-Festival sein letztes Konzert – ein 6,5 Tonnen schwerer Findling, von Steinmetz Andreas Lewerenz unter anderem mit einer E-Gitarre gestaltet, erinnert an den berühmten Gitarristen (54.460306, 11.009056).

Eine Küstenwanderung auf der Sonneninsel ist ein Naturerlebnis!

WANDERN UND RADELN AUF FEHMARN

Wir sollten es nicht versäumen, auf der Insel die Wanderschuhe zu schnüren. Eine sehr schöne **Wanderung** führt von der Ortschaft Gold über Strukkamphuk mit Leuchtturm hinauf auf die Fehmarnsundbrücke. Von Gold aus wandern wir zunächst an der Steilküste südlich des Ortes vorbei, gehen auf dem Deich entlang und treffen auf den Leuchtturm Strukkamphuk. Danach führt der Weg direkt hinauf auf die Fehmarnsundbrücke, die von Fußgängern begangen werden darf. Zwar rauschen die Autos nah vorbei, aber die Aussicht über den Meeresarm ist ergreifend. Zurück zum Ausgangspunkt

↑ Der Hafen des Dörfchens Orth
↗ Radtour einmal um die ganze Insel

wandern wir durch die Orte Strukkamp und Albertsdorf. Insgesamt ist die Rundtour 8,9 Kilometer lang, hat 20 Höhenmeter und erfordert eine reine Gehzeit von etwa 2,5 Stunden.

Für **Radtouren** ist die Insel ebenso empfehlenswert. 300 Kilometer gut ausgebauter Radwege stehen zur Verfügung, es gibt 15 Fahrradverleihe über die ganze Insel verteilt und 21 E-Bike-Ladestationen. Einen guten Überblick und viele Infos bietet die Seite fehmarn.de/sonneninsel/aktiv/radfahren.

Für konditionierte Radfahrer und E-Biker ist eine Rundtour einmal um die ganze Insel ein absolutes Muss. Mit knapp 70 Kilometer Länge und 20 Höhenmetern dauert sie etwa 4,5 Stunden; dabei werden die meisten der oben genannten Ziele angefahren.

Startpunkt ist der Bahnhof von Burg, der Weg führt von dort über die zum Radweg ausgebaute Bahnstrecke in südliche Richtung nach Burgstaaken. Wir umradeln den Burger Binnensee in westliche Richtung und steuern über die Ortschaft Wulfen die Fehmarnsundbrücke an. Unter der Brücke geht es durch, dann werden die Orte Lemkenhafen und Orth passiert und wir kommen zum Flügger Leuchtturm und radeln am Jimi-Hendrix-Gedenkstein vorbei. An der Küste entlang steuern wir auf den Leuchtturm von Westermarkelsdorf zu und haben auf dem Campingplatz von Altenteil die Möglichkeit, das E-Bike zu laden. Die Küstennähe bleibt uns erhalten und so rollen wir schließlich nach Puttgarden, wo wir weiträumig um den großen Fährhafen herumgeleitet werden. Anschließend führt die Wegstrecke kurz durchs Binnenland nach Marienleuchte und damit erreichen wir wieder die Küste. In unmittelbarer Nähe zur Steilküste verläuft der Radweg nun südwärts – gigantische Ausblicke auf die Steilküste und das Meer inklusive. Am südöstlichen Ende von Fehmarn verlassen wir den Küstenweg an einer Marinefunkstation, erreichen die See aber wieder kurz hinter dem Ort Staberdorf. Vorbei am Ort Burgtiefe und dem Hafen Burgstaaken erreichen wir schließlich wieder Burg. Der Radweg ist immer wieder ausgeschildert: entweder mit Ortsangaben oder einem allgemeinen Radweg-Schild.

PRAKTISCHE HINWEISE

TOURISTINFORMATIONEN

Tourist-Information Travemünde
Am Leuchtenfeld 10 a, 23570 Lübeck-Travemünde, Tel. 0451/889 97 00, travemuende-tourismus.de

Tourist-Information Timmendorfer Strand
Timmendorfer Platz 10, 23669 Timmendorfer Strand, Tel. 04503/35770, timmendorfer-strand.de

Tourist-Information Niendorf
Strandstr. 121 a, 23669 Niendorf/Ostsee, Tel. 04503/35 77 60, timmendorfer-strand.de/die-orte/niendorfostsee

Tourismus-Agentur Lübecker Bucht
Strandallee 134, 23683 Scharbeutz, Tel. 04503/779 41 00, luebecker-bucht-ostsee.de

Torismus-Service Grömitz
Neuer Markt 1, 23743 Ostseebad Grömitz, Tel. 04562/25 60, groemitz.de

Tourist-Information Burg/ Tourismus-Service Fehmarn
Bahnhofstr. 30, 23769 Fehmarn OT Burg, Tel. 04371/879 47 84, fehmarn.de

KARTE

Freytag-Berndt und ARTARIA: Fehmarn – Ostholstein. Malente – Heiligenhafen – Grömitz: Rad- und Wanderkarte mit Ausflugszielen, Einkehr- und Freizeittipps 1:30 000/1:50 000.

CAMPING- UND STELLPLÄTZE

C 200 **Campingplatz Ivendorf** (S. 204 B6)
Frankenkrogweg 2–4, 23570 Lübeck-Ivendorf, Tel. 04502/48 65, camping-travemuende.de
GPS: 53.943357, 10.843414
Dieser Platz ist wirklich gut ausgestattet: Neben Shop, Restaurant, Imbiss, Waschmaschinen und Trocknern bietet der Campingplatz Ivendorf auch einen Naturschwimmteich mit vollbiologischer Wasseraufbereitung, aufgeteilt in Schwimmer- und Nichtschwimmerbecken sowie ein separates flaches Becken für Kinder. Zum Entspannen laden Liegewiesen und Holzsonnendecks ein. Immer freitags um 11 Uhr finden Aqua-Fitness-Kurse statt.

S 201 **Wohnmobilstellplatz Am Fischereihafen Travemünde** (S. 204 B6)
Travemünder Landstr. 304, 23570 Lübeck-Travemünde, Tel. 0451/79 88 80, parken-luebeck.de/wohnmobilstellplaetze/detail/womo-fischereihafen

Der Wohnmobilstellplatz am Fischereihafen von Travemünde liegt sehr zentral.

GPS: 53.953809, 10.856991
Super gelegener, zentraler Stellplatz für alle Aktivitäten in Travemünde; in Lauf-Distanz zum Hafen, auch jede Menge Restaurants sind gut erreichbar. Es ist alles da, was man braucht, also Strom, Wasser, Ver- und Entsorgung. Sehr beliebt und vor allem am Wochenende immer voll. Den Parkplatzcharakter kann man für den reinen Übernachtungszweck, vor allem hinsichtlich der guten Lage, in Kauf nehmen. Gutes Preis-Leistungs-Verhältnis.

S 202 **Ostseestrand Ferienpark Scharbeutz**
(S. 204 A5)
Strandallee 98 b,
23683 Scharbeutz,
Tel. 04503/779 47 55,
ferienpark-scharbeutz.de
GPS: 54.035857, 10.744118
Recht dicht nebeneinander stehen die Wohnmobile auf diesem beliebten Platz, der nahe am Strand und der schönen Promenade liegt (die hinteren Stellplätze sind etwa 400 Meter vom Strand entfernt). An jedem Stellplatz gibt es Strom und Wasser. Die (beheizten) Sanitäranlagen sind, obwohl in einem Container untergebracht, modern und sauber. Waschmaschine und Trockner vorhanden. Innerhalb der Saison Brötchenservice ohne Vorbestellung.

C 203 **Campingplatz Lotsenhaus** (S. 204 B5)
Sandberger Weg 96,
23730 Neustadt in Holstein, Tel. 04561/25 57,
campingplatz-lotsenhaus.de
GPS: 54.090964, 10.825808
Bei Neustadt in Holstein und genau zwischen Timmendorfer Strand und Grömitz liegt dieser Campingplatz in sonniger Südlage direkt an der Ostsee. Die komfortablen Stellplätze sind mit Wasser- und Abwasseranschluss und einer Entsorgungsstation ausgestattet, kostenloses WLAN ist ebenfalls verfügbar. Ganz frisch ist das Sanitärgebäude fertiggestellt und präsentiert sich sehr modern. Fußläufig erreicht man einen Supermarkt und Restaurants. Das Zentrum von Neustadt ist 1,5 Kilometer entfernt. Hunde sind auf dem Platz verboten.

C 204 **Camping Am Strande**
(S. 204 B5)
Sandberger Weg 94,
23730 Neustadt in Holstein, Tel. 04561/41 88,
amstrande.de
GPS: 54.09121, 10.824177
Für Hundebesitzer, für die der Campingplatz Lotsenhaus wegen des Hundeverbots nicht infrage kommt, gibt es diesen Alternativplatz, der zwischen Ostsee und dem Stadtrand von Neustadt in Holstein liegt. Über den schönen Rad- und Wanderweg sind es zwei Kilometer ins Zentrum von Neustadt. Baumalleen und Hecken schützen vor Sonne und Wind und bilden zudem sichtgeschützte Parzellen. Meerblick von vielen Plätzen aus. Strand mit Beachvolleyballfeldern, Strandspielplatz und Strandbad. Neben dem Platz befindet sich ein Supermarkt mit Bäckerei, ein Strandimbiss gehört zum Campingplatz.

C 205 **Campingplatz Hohe Leuchte** (S. 204 C4)
Mittelweg 164, 23743 Grömitz, Tel. 04562/225 50 99,
camping-groemitz.de
GPS: 54.162172, 11.004549
Im Gebiet des Naturstrandes Lensterstrand liegt dieser Platz direkt an der Ostsee in Grömitz. Eine Gaststätte mit Brötchenservice ist vorhanden, WLAN ist verfügbar und es gibt Mietbäder/Familienbäder – die sanitären Anlagen sind modern und gepflegt. Die Urlauberplätze sind mit Strom-, Wasser- und teilweise Abwasseranschluss ausgestattet. Im Restaurant vor dem Platz werden morgens Brötchen verkauft. Der Platz liegt sehr schön und ruhig und ist sauber und gepflegt. Gute Ausgangslage für Rad- und Wandertouren in alle Richtungen. Grömitz erreicht man mit dem Fahrrad in etwa zehn Minuten, zum Strand sind es wenige Gehminuten.

C 206 **Campingplatz Flüggerteich** (S. 204 C1)
Flüggerteich 1, 23769 Fehmarn, Tel. 04372/349,
flueggerteich.de
GPS: 54.453319, 11.013331
Hinter dem Deich liegt geschützt 300 Meter vom

Naturstrand entfernt der professionell und liebevoll geführte Platz mit einer überschaubaren Größe nahe dem Leuchtturm Flügge im Westen der Insel Fehmarn. 44 Rasenplätze stehen Zelten, Wohnwagen und Wohnmobilen zur Verfügung. Die meisten haben Wasser-, Abwasser- und Stromanschluss. Geboten werden außerdem Waschmaschine, Trockner, kostenpflichtiges WLAN sowie online bestellbare Brötchen. Die Lage neben dem Naturschutzgebiet Wallnau und an einem abgelegenen Inselzipfelchen ist schön, die Inhaber sind sehr nett, der Platz ist gepflegt und das Waschhaus besonders sauber – einem wunderbaren, auch längeren Aufenthalt steht also nichts im Wege!

C 207 **Belt-Camping Fehmarn** (S. 204 C1)
Altenteil 24, 23769 Fehmarn, Tel. 04372/391, belt-camping-fehmarn.de
GPS: 54.528766, 11.093616
Auf der Nordwestspitze der Insel liegt dieser Campingplatz sehr schön zwischen Naturschutzgebiet Nördliche Seeniederung und der Ostsee. Man findet zum Teil sehr großzügig bemessene Wohnmobilstellplätze am Anfang des Campingplatzes oder am Deich mit direktem Meerblick im hinteren Bereich des Platzes. Zusätzlich gibt es acht weitere Plätze im Wohnmobilhafen vor der Schranke – diese sind preisgünstiger und können jederzeit angefahren werden. Ein Deich trennt den Campingplatz vom Naturstrand. Auf dem Platz stehen ein Restaurant und ein Kiosk zur Verfügung, die Sanitäranlagen sind neu, modern und sauber.

Mit Herzblut geführt wird der Campingplatz Flüggerteich nahe einem Naturstrand.

C 208 **Campingplatz Ostsee Katharinenhof** (S. 204 D1)
Katharinenhof, 23769 Katharinenhof auf Fehmarn, Tel. 04371/90 32, camping-katharinenhof.de
GPS: 54.444879, 11.278409
Etwas größerer Platz an der Ostküste der Insel Fehmarn mit überwiegend durch Hecken abgetrennten Stellplätzen mit einiger Ausstattung und Angeboten. Kinder- und hundefreundlich, Sport- und Kinderanimation, Spielraum, Billard, Tischfußball und vieles mehr. Restaurant, Supermarkt am Platz, auch eine Bootslipanlage ist vorhanden. Wasser-, Abwasser- und Stromanschlüsse, WLAN auf dem ganzen Platz. Kurzer Fußweg durch einen kleinen Wald zum Naturstrand Katharinenhof.

S 209 **Wohnmobilstellplatz Hintz** (S. 204 C1)
Am Steinkamp 2 b, 23769 Fehmarn, Tel. 04371/861 60
GPS: 54.442566, 11.18945
In Burg, dem Hauptort der Insel Fehmarn, befindet sich dieser Stellplatz für 16 Mobile auf dem ausgewiesenen Gebiet einer Firma. Teilweise schattiger Platz mit geschottertem Untergrund. Das Zentrum von Burg ist zu Fuß erreichbar, ein ÖPNV-Anschluss befindet sich in der Nähe. Am Platz stehen Frischwasser, WC, Dusche und eine Entsorgungsstation zur Verfügung, außerdem gibt es WLAN und Strom (beides im Übernachtungspreis enthalten, Wasser, Ver- und Entsorgung sowie Dusche kosten extra). Ver- und Entsorgung sind im Winter nicht verfügbar.

An der Strandpromenade von Heiligenhafen windet es sehr ...

3

»ALPEN«-IDYLLE UND GROSSSTADTFLAIR

Durch die Holsteinische Schweiz nach Kiel

Wir reisen durch den Naturpark Holsteinische Schweiz – und müssen auf Wasser dennoch nicht verzichten, denn zahlreiche Seen laden zum Segeln, Paddeln und Schwimmen ein. Nachdem wir Mischwälder, Hügelketten, Seen und die Ortschaften der vermeintlichen Alpenregion erlebt haben, landen wir in der Landeshauptstadt Kiel, der nördlichsten Großstadt Deutschlands. Die Tour ist kontrast- und abwechslungsreich und bietet immer wieder die Möglichkeit, den Landstrich beim Wandern oder Radfahren zu entdecken.

Als Holsteinische Schweiz wird das östliche Hügelland Schleswig-Holsteins bezeichnet. Die Ortschaften Eutin, Plön und Malente gehören dazu und liegen auf der Route. Der Plöner See ist ein Highlight der Tour, vor allem für Natur- und Tierliebhaber. Er ist der größte See im Bundesland und bildet mit 200 anderen Seen das Seenparadies der Holsteinischen Schweiz. Über den charmanten Luftkurort Lütjenburg, nun wieder an der Ostseeküste gelegen, erreichen wir schließlich die Landeshauptstadt Kiel sowie Laboe am Ostufer der Kieler Förde, das Etappenziel dieser Tour.

Naturschutzgebiet Graswarder in Heiligenhafen

SONNENDECK DER OSTSEE

… so nennt sich die Hafenstadt **Heiligenhafen** selbst und da sollte man doch einmal genauer hinschauen, was die Kleinstadt in Ostholstein zu bieten hat. Sie liegt auf der östlichen Spitze der Halbinsel Wagrien an der Ostsee. Highlights des Ortes sind die Erlebnis-Seebrücke und die Steilküste. In Zickzackform windet sich die **Erlebnis-Seebrücke** wie ein Blitz in die Ostsee hinein, es befinden sich auf ihr Kinderspielbereiche, Sitz- und Liegemöglichkeiten, verglaste Abschnitte, ein Badedeck, eine Meereslounge und Toiletten. Vom Brückenkopf ergibt sich eine herrliche Aussicht auf die Fehmarnsundbrücke und das Naturschutzgebiet Graswarder. Abends sind die Geländer indirekt beleuchtet, was für eine romantische Stimmung sorgt.
Ein Muss, wenn man hier ist, ist der Besuch der **Steilküste**. Hier kann man die Zeit damit verbringen, Fossilien und Bernstein zu finden. Vor allem nach Stürmen ist die Wahrscheinlichkeit groß, dass versteinerte Zeitzeugen am Kliff des Küstenabschnitts freigelegt werden. Mit und ohne Fund ist die Steilküste bestens geeignet für einen Spaziergang mit tollen Natureindrücken.
Noch mehr Natur findet man in dem Naturschutzgebiet **Graswarder**, das auf einer Halbinsel liegt. Von Ostern bis Oktober erklären Naturführer zweimal täglich im Rahmen von Rundgängen das Schutzgebiet mit seiner vielfältigen Tier- und Pflanzenwelt; frei zugänglich ist es nicht. Ein Beobachtungsturm kann täglich von 10 bis 18 Uhr bestiegen werden. Zu so viel Naturgewalt setzen historische Bädervillen einen Kontrastpunkt, manche Kino- und Fernsehfilme wurden

ROUTE 3

START- UND ENDPUNKT
Heiligenhafen und Kiel/Laboe

STRECKENLÄNGE
157 km

FAHRZEIT
6 bis 8 Tage

BESTE JAHRESZEIT
April bis Oktober

Start Heiligenhafen
Erlebnis-Seebrücke
Steilküste
Fischereihafen
historische Altstadt
A1
12 km
Oldenburg in Holstein
Oldenburger Wall
Oldenburger Bruch
A1
40 km
Eutin

hier gedreht. Durch die künstliche Verbindung mit dem Festland ergab sich der **Heiligenhafener Binnensee** – der zwar Binnensee genannt wird, jedoch einen direkten Zugang zur offenen Ostsee bietet, was Wassersportler sehr schätzen. Wir erreichen den Beobachtungsturm, ab hier geht es nur in Begleitung mit einem NABU-Führer weiter.

Der **Fischereihafen** ist das Herzstück des Ortes. Man kann fangfrischen Fisch direkt vom Kutter oder ein Fischbrötchen auf die Hand kaufen. Eine Hochseeflotte bietet Törns für Hochseeangler an und an der Marina liegen an 15 Bootsstegen Jachten in allen Größen. Vom Jachthafen spaziert man in fünf Minuten am Fischereihafen entlang ins südlich gelegene Stadtzentrum und zum kilometerlangen Ostseestrand sowie zum Naturschutzgebiet Graswarder nördlich des Jachthafens.

Blickfang in der **historischen Altstadt** von Heiligenhafen sind die mittelalterlichen Häuser und die 750 Jahre alte Stadtkirche. In der Altstadt kann man bummeln und shoppen und zahlreiche Restaurants und Imbissbuden sorgen dafür, dass man diese Aktivitäten jederzeit unterbrechen kann. Direkt neben der Stadtkirche befindet sich das Heimatmuseum, in dem die historische Entwicklung der Stadt dargestellt wird. Mittwochs und samstags ist von 8 bis 13 Uhr Wochenmarkt auf dem Marktplatz, die Erzeugnisse stammen von Bauern aus der Umgebung.

Am Graswerder beginnt der **Strand** des Ortes, der sowohl einen DLRG-bewachten Bereich als auch lange, naturbelassene Strandabschnitte bietet. Zwischen Hauptbadestrand und Graswerder befindet sich ein FKK-Strand und östlich des DLRG-Berei-

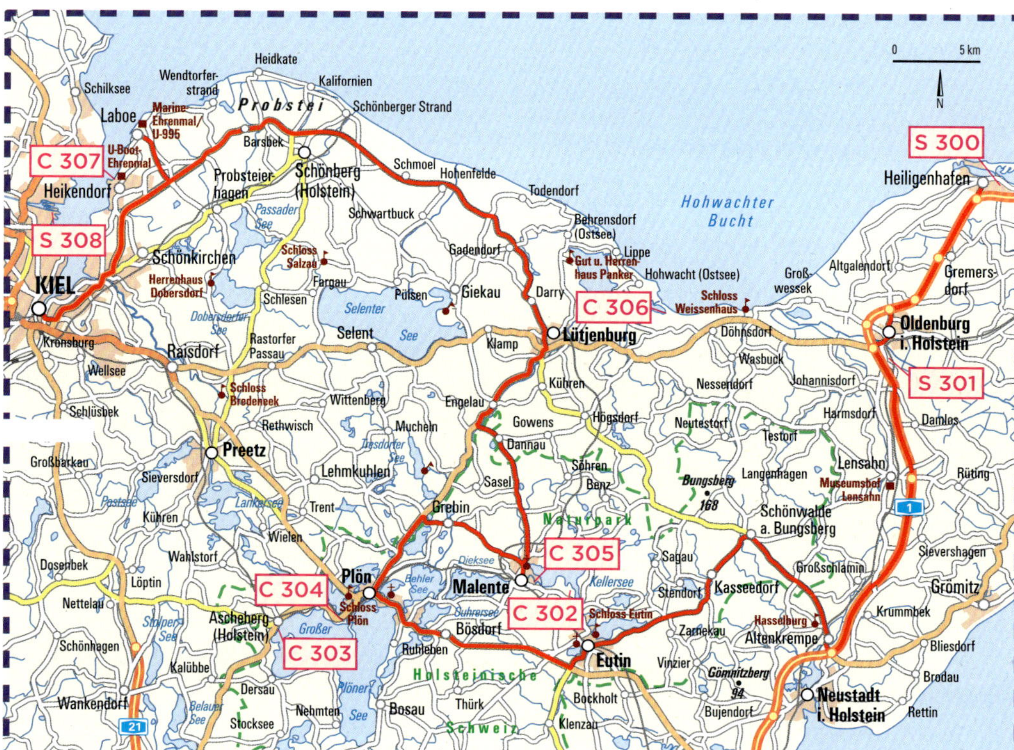

Pittoresker Marktplatz von Heiligenhafen

WANDERUNG

EINMAL UM DEN BINNENSEE

Viele der Sehenswürdigkeiten Heiligenhafens sind im Rahmen einer 12,4 Kilometer langen Wanderung erreichbar. Start ist am Jachthafen, wo es entlang der Bootsstege durch die Marina geht. Ein Abstecher nach rechts bringt uns in das Gebiet des Graswarder. Am Strand entlang wandern wir Richtung Westen zurück zum Hauptweg und gelangen zum Schutzgebiet Steinwarder – ein Damm trennt die beiden Gebiete. Wir passieren die Seebrücke und einen Ferienpark, dann kommen wir zur Steilküste mit dem Leuchtfeuer. Am Rand des Steilufers wandern wir entlang und nach einem Rastplatz knickt der ausgeschilderte Weg nach Heiligenhafen in östliche Richtung ab. Am Rand des historischen Ortskerns entlang, erreichen wir wieder den Hafen.

ches ein Hundestrand. Zahlreiche Surf- und Segelschulen runden das Freizeitangebot ab – spätestens jetzt ist klar, warum sich Heiligenhafen den Beinamen »Sonnendeck der Ostsee« gegeben hat. Eine gute Parkmöglichkeit für Wohnmobile findet man auf dem Parkplatz Steinwarder.

HINEIN INS BINNENLAND

Zeit, der Küste für kurze Zeit auf Wiedersehen zu sagen. Wir wenden uns über die A 1 in südwestliche Richtung und erreichen nach nur zwölf Kilometern die Kleinstadt **Oldenburg in Holstein**. Markant ist der **Oldenburger Wall**, eine Befestigungsanlage, die mitten in der Innenstadt liegt – die Anlage ist eines der bedeutendsten Bodendenkmäler Schleswig-Holsteins, sie ist der Grundstein der Stadt Oldenburg. Die Wallburganlage geht im Süden nahtlos in Oldenburgs Innenstadt über. Wer sich näher mit dem Wall, der Burg, den Ausgrabungsfunden und den Slawen beschäftigen möchte, dem sei das **Oldenburger Wallmuseum** empfohlen,

Schloss Oldenburg – Wahrzeichen der Stadt und Sitz des Landesmuseums für Kunst und Kulturgeschichte

ein Freilichtmuseum, das die Besucher in die Zeit der Wikinger zurückversetzt. Anhand des Baus von Schiffen mit historischen Werkzeugen, rekonstruierter Hütten sowie vielen Mitmachaktionen und Darbietungen wird die Geschichte lebendig dargestellt. Die Anlage des Museumsdorfes ist mit der Wallanlage bei der Stadt verbunden. Am Wallmuseum befindet sich ein Wohnmobilstellplatz für acht Reisemobile.
Die Mischung aus slawischer Vergangenheit und Modernität machen Oldenburg zu einem attraktiven Zwischenstopp. Es gibt zahlreiche Einkaufsmöglichkeiten, Restaurants und Cafés sowie einen Marktplatz mit Wochenmarkt mittwochs und samstags. Das **Oldenburger Schloss** ist nicht nur schön anzusehen, sondern auch Sitz des Landesmuseums für Kunst und Kulturgeschichte. Die einstige mittelalterliche Burganlage wurde im Renaissancestil zu einer Residenz erweitert. Auf dem Rathausplatz findet man das 1886 erbaute Rathaus, dessen Besonderheit seine dreieckige Gebäudeform ist. Das Wahrzeichen der Stadt ist der Lappan, ältestes Gebäude Oldenburgs und ursprünglich im Mittelalter als Alten- und Pflegeheim mit Kapelle für die Armen errichtet. Der markante Backsteinturm aus dem Jahr 1467/68 ragt immer noch am nördlichen Innenstadtrand empor.
Südlich von Oldenburg befindet sich das NABU-Naturschutzgebiet **Oldenburger Bruch**. Es ist Bestandteil der Niederung Oldenburger Graben, die sich von der Hohwachter bis zur Lübecker Bucht erstreckt. Die Niedermoorlandschaft bietet heute Lebensraum für viele bedrohte Tier- und Pflanzenarten. Nach der letzten Eiszeit und dem Abschmelzen des Eises entstanden kleine Förden, die sich im Laufe der Zeit zu Binnenseen entwickelten. Nach dem Verlanden der Seen lagerten sich Torfschichten ab und Niedermoore entstanden. Für die landwirtschaftliche Nutzung wurde die Entwicklung jedoch unterbrochen und zusammen mit der Torfgewinnung und der Aufforstung wurde in diesen Naturraum massiv eingegriffen. Inzwischen füllen sich die Mulden wieder, verlanden nun also nicht mehr, und es herrscht eine Vegetationsvielfalt, die wiederum eine vielfältige Tierwelt begünstigt.
Die Wege im Oldenburger Bruch sind mit Kopfweiden und Pappeln gesäumt und es lohnt, die Wanderschuhe zu schnüren. Ein etwa acht Kilometer langer Rundweg führt in knapp zwei Stunden durch das Schutzgebiet. Er startet in Oldenburg am Bahnhof und führt hinein in den Oldenburger Bruch, wo die Feuchtwiesen und Kopfbäume zu bestaunen sind. Außerdem kann man unterwegs seltene Tiere, Vögel und Pflanzen entdecken. Hunde sind erlaubt, müssen aber angeleint sein.

↑ Das schöne alte Rathaus mit seinen verzierten Fassaden ist ein Hingucker.
↓ Der Oldenburger Hafen hat eine wichtige wirtschaftliche Funktion für die Region.

↑ Erhöht liegt die charakteristische Eutiner Mühle. ↗ Am Ufer des großen Eutiner Sees

SEHENSWERTES EUTIN

Weiter geht die Reise, wir dringen tiefer ins Binnenland Schleswig-Holsteins vor. In Oldenburg wenden wir uns Richtung Süden und fahren über die Oldenburger Straße, die Straßen Grüner Hirsch und Rugenhandschen sowie die Lübecker Straße nach Lensahn, wo wir im Zentrum nach rechts auf die Eutiner Straße einbiegen. Dieser folgen wir bis in die nächsten Orte Schönwalde am Bungsberg und Kasseedorf, wo wir langsam das Gebiet der Holsteinischen Schweiz erreichen. Weiter geradeaus und zunächst vorbei am Großen Eutiner See, erreichen wir schließlich, 40 Kilometer nach Oldenburg, Eutin.

Eutin, die Kreisstadt des Kreises Ostholstein, liegt inmitten des Naturparks Holsteinische Schweiz und ist umgeben von Seen, Wäldern und Hügeln. Neben viel Natur hat Eutin aber auch architektonisch und kulturell einiges zu bieten. Im Mittelpunkt steht das vierflügelige **Eutiner Schloss** direkt am Eutiner See. Das Schloss zählt zu den bedeutendsten höfischen Profanbauten Schleswig-Holsteins. Ursprünglich war es eine mittelalterliche Burg, die im Laufe mehrerer Jahrhunderte zur Residenz für die Fürstbischöfe von Lübeck aus dem Hause Schleswig-Holstein-Gottorf

SPECIAL

HOLSTEINISCHE SCHWEIZ

Als Holsteinische Schweiz bezeichnet man das östliche Hügelland Holsteins. Die Kulturlandschaft, deren Grenzen nicht klar definiert sind, umfasst unter anderem den Naturpark Holsteinische Schweiz. Grob befindet sich das Gebiet in den Kreisen Ostholstein und Plön zwischen den Städten Lübeck und Kiel. Die Landschaft ist abwechslungsreich mit kleineren Waldgebieten, Ackerflächen und niedrigen Hügeln. Dazwischen befinden sich zahlreiche Seen. Der Name der Region geht auf das 19. Jahrhundert zurück, als Fahrten in die Schweiz bei betuchten Reisenden beliebt waren, weshalb sich auch andere Regionen den Namenszusatz »Schweiz« geben wollten.

und die Herzöge von Oldenburg ausgebaut wurde. Bemerkenswert ist der Kontrast zwischen der nahezu strengen Außenfassade des nordischen Barockbaus und dem mediterranen Innenhof.
Im Schloss finden Themenführungen statt, die den Besuchern die wechselvolle Geschichte des Schlosses näherbringen. Ohne Führung kann man auch mit einer App durch die Beletage des Schlosses wandeln und mittels unterhaltsamer Dialoge verschiedener Sprecher Einblicke in die Vergangenheit des Schlosses erhalten.
Hinter dem Schloss erstreckt sich ein englischer Landschaftsgarten. Bei einem Spaziergang durch den **Schlossgarten** eröffnen sich Ausblicke auf die Seenlandschaft, man flaniert an Baumgruppen entlang und gelangt zu klassizistischen Gartenbauwerken der Aufklärung. Einen besonders schönen Blick über die Parkanlage erhascht man von der Südterrasse des Schlosses. Hinter dem Schlossgarten befindet sich der Küchengarten mit der Orangerie und dem Neuholländerhaus. Der Küchengarten war für die Versorgung der Küche mit Obst, Gemüse und Kräutern verantwortlich und ist heute ein historischer Nutzgarten.
Der **Große Eutiner See** schließt sich im Osten an das Schloss an und liegt nordöstlich der Innenstadt. An seinen Ufern führt die Seepromenade entlang, die in die Eutiner Innenstadt führt. Außerdem gibt es eine Frei-

Ein geschichtliches Zeugnis ist die historische Eutiner Badeanstalt.

lichtbühne, wo im Sommer unter anderem Konzerte und Theateraufführungen stattfinden, sowie einen Seepark mit Spielplatz. Über eine Brücke ist der Westteil des Sees abgetrennt – von der Brücke aus blickt man sehr schön auf den See und die malerische **historische Badeanstalt**. Alte Umkleidekabinen, hölzerne Badestege und das Bademeisterhaus sind Relikte der früheren Nutzung. Die Badeanstalt liegt in einem Waldstück und hat eine große Liegewiese und einen flachen Wasserzugang. Es gibt einen Kiosk, ein Beachvolleyballfeld, eine Wasserrutsche und einen Sprungturm sowie eine Minigolfanlage in der Nähe. Der Eintritt ist frei.

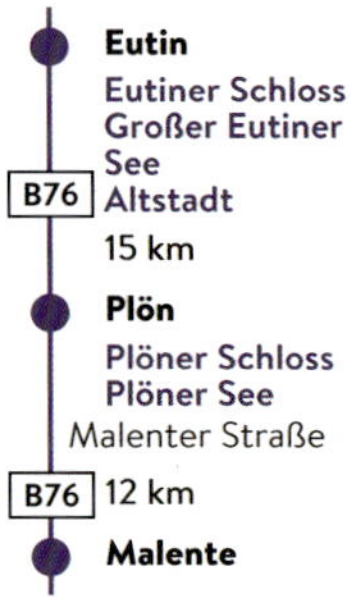

Sehr empfehlenswert ist eine Wanderung um den Großen Eutiner See. Sie ist als **Seerundweg** gut ausgeschildert, knapp neun Kilometer lang und dauert etwa 2 bis 2,5 Stunden. Teils führt der Weg am Ufer entlang, teils durch den Wald auf naturnahen Wegen – immer dabei sind auf jeden Fall schöne Blicke auf Eutin, das Schloss, den Schlossgarten und die historische Badeanstalt. Auf dem Uferweg befinden sich Hörstationen, an denen Eutiner Einwohner ihre Geschichten erzählen.

Nun wird es aber Zeit für die Innenstadt. Die **Eutiner Altstadt** ist durch ihren mittelalterlichen Grundriss geprägt. Der alte **Marktplatz** mit seinen historischen Häusern ist sehr sehenswert, man kann die einstige Hofapotheke, Handwerkerhäuser, Bürger- und Beamtenpalais bewundern. Am Marktplatz stehen auch das Rathaus und die St. Michaeliskirche, die einen schiefen Turm hat. Viele schöne Cafés und Restaurants säumen den Platz, von dem mehrere Einkaufsstraßen mit vielen Läden, Galerien, Ateliers und kleinen Manufakturen abgehen. In dem schönen Ambiente findet mittwochs und samstags der Wochenmarkt statt. Viele der regionalen

Tipp

SPEISEN MIT AUSSICHT

An der Spitze des Seeparks und auch auf der Rundwanderung um den Großen Eutiner See liegt die empfehlenswerte Einkehrmöglichkeit »Bootshaus Eutin«. Die Aussicht auf den See, an dessen Ufer man unmittelbar Platz nimmt, ist unvergleichlich. Dazu gibt es sehr leckeren Kuchen und gutes Essen (Seepark 1, Tel. 0176/20 26 68 96).

↑ Das Eutiner Schloss ist eine vierflügelige Anlage. ↓ Eutiner See mit der Altstadt im Hintergrund

Schiffsanleger Prinzeninsel am Plöner See

Produkte haben Bioqualität und stammen zum Teil aus eigener Produktion.

Der deutsche Komponist Carl Maria von Weber ist der berühmteste Sohn der Stadt. Er wurde in der Lübecker Straße 48 geboren – und hier startet auch ein Spaziergang auf seinen Spuren. Bei der Touristeninformation erhält man einen Flyer dazu. Im Rahmen von geführten Rundgängen kann man Eutin jedoch am besten kennenlernen. Das Angebot reicht von klassischen Altstadtführungen über einen Nachtwächter-Rundgang bis hin zu Touren, die speziell an Kinder gerichtet sind.

Eutin ist das ganze Jahr über einen Besuch wert – am schönsten erblüht die Stadt allerdings mit den Rosen! Aber auch die Weihnachtszeit ist stimmungsvoll, wenn Eutin mit einer schönen Illumination leuchtet. Auf der Seebühne finden im Sommer die Eutiner Festspiele statt, ein Klassik-Open-Air mit fantasievollen Inszenierungen, großen Stimmen und einem klangvollen Orchester.

AUF ZUR SEENTOUR

Wir verlassen den Ort mit dem großen See und reisen zum nächsten Ort – mit ebenfalls einem See. Es folgen noch einige, aber sie sind ja wie gesagt charakteristisch für die Holsteinische Schweiz und sollen deshalb entsprechend Aufmerksamkeit erhalten.

Über die B 76 geht es geradewegs und Richtung Westen nach Plön, das sind nur 15 Kilometer Fahrstrecke. Von dort aus erkunden wir sowohl den gleichnamigen See als auch die Umgebung.

Auch **Plön** hat ein Schloss – ein ganz besonders majestätisches sogar. Das **Plöner Schloss** ist eines der größten Schleswig-Holsteins. Die Südwestseite wendet sich dem Plöner See zu, die Nordseite des Schlosses weist zur Altstadt. Von allen Anfahrtswegen aus, zu Land und zu Wasser, ist das prachtvolle Schloss schon von Weitem sichtbar. Das Plöner Schloss wurde im 17. Jahrhundert während des Dreißigjährigen Krieges errichtet und diente den Herzögen von Schleswig-

Blick vom Schloss auf Plön

Holstein-Plön als Residenz. Zwischenzeitlich fungierte es auch als Kadettenschule und Internat, dann wurde es verkauft. Heute ist die gemeinnützige Fielmann-Akademie darin untergebracht und das Schloss ist nur eingeschränkt für Besucher zugänglich. Im Park des Schlosses befindet sich das Prinzenhaus, ein früheres Gartenschlösschen und einzig erhaltenes Lustschloss des Bundeslandes. Der **Plöner See**, über den das Schloss dank seiner Höhenlage wacht, verzaubert mit tiefblauem Wasser und einer schönen Ufernatur. Viele Freizeitaktivitäten zu Wasser sind möglich: Paddeln, Segeln, Angeln, Baden und Tauchen. Viele schöne Ortschaften reihen sich außerdem rund um den See. Der Plöner See wurde bereits mehrmals zum »Lieblingssee in Schleswig-Holstein« gekürt. Er hat eine sehr gute Wasserqualität wie übrigens viele andere Seen der Holsteinischen Schweiz auch. Man kann einen Spaziergang über die vorgelagerte **Prinzeninsel** unternehmen, wo es eine wunderschöne, naturnahe Badestelle (inklusive Sonnenuntergangsblick!) und ein Restaurant-Café gibt. Auf dem Spazierweg dorthin erreicht man über einen kleinen Abstecher den Alten Apfelgarten, wo mehr als 100 Apfelbäume stehen – mit fast 50 Apfelsorten! Am Ufer des Plöner Sees liegt auch der Naturcampingplatz Seekamp, ein weiterer Platz am See ist der Naturcampingplatz Spitzenort vis-à-vis der Prinzeninsel.

Herzstück des Ortes Plön ist der **Marktplatz** mit der Nikolaikirche im Zentrum. Der Plöner Wochenmarkt findet freitags von 8 bis 13 Uhr und von Dezember bis März zusätzlich auch dienstags vor der Kirche auf dem Kirchplatz statt.

AUSFLÜGE AM PLÖNER SEE

Wer Plön samt See ausgiebig erleben will, kann dies beispielsweise im Rahmen der **Prinzeninsel-Runde** tun. Vom Bahnhof Plön aus führt diese Rundtour zwischen Stadtrand und See entlang auf einem liebevoll angelegten Planetenweg zur Prinzeninsel im Plöner See. Wir folgen den beschilderten Planeten zum südlichen Zipfel der Prinzeninsel, wo es einen Aussichtspavillon mit schönen Sitzmöglichkeiten und Blick auf den See gibt. Einem Badestopp steht nichts im Wege, dann kehren wir bei dem idyllisch gelegenen Restaurant und Café Prinzeninsel ein, wo wir uns hausgemachten Kuchen schmecken lassen. Auf der westlichen Seite der Insel wandern wir auf einem schmalen Waldpfad durch urwaldartiges Gebiet, dann vorbei am oben erwähnten Apfelgarten mit historischen Apfelsorten (das Pflücken des Obstes ist nicht erlaubt), bis wir wieder die Stadt erreichen. Durch den Prinzengarten flanieren wir zum Prinzenhaus und anschließend zum Plöner Schloss, dem Rathaus und dem Markt mit der Nikolaikirche. Nach Überqueren des Flusses Schwentine sind wir wieder am Startpunkt. Die Tour ist 7,4 Kilometer lang und in zwei Stunden entspannt zu bewältigen.

Schön ist es auch, den Plöner See zu umrunden, während das Wohnmobil Pause hat. Eine gute Möglichkeit dazu bietet die touristische Buslinie rund um den Großen Plöner See. Der **Seekieker** fährt stündlich und man kann unterwegs jederzeit aus- und wieder zusteigen. Auch eine Fahrradmitnahme ist möglich. Auf diese Weise fährt man die schönsten Ausflugsziele rund um den See ab, inbegriffen sind auch die umliegenden Ortschaften Bösdorf, Bosau und Dersau. Eine Haltestelle befindet sich direkt am Naturcampingplatz Spitzenort. Der Seekieker hält auch am Südzipfel der Prinzeninsel, wo die idyllisch gelegene Einkehrmöglichkeit »Prinzeninsel« wartet und auch eine schöne Badestelle mit breitem Sandstrand vorhanden ist. Die Haltestelle heißt »Plön, Spitzenort/ Prinzeninsel«.

Drei weitere schöne **Badestellen** seien noch erwähnt: Neben der Badestelle Fegetasche in Plön mit Sandstrand, Spielplatz und Liegewiese gibt es die Badestelle Bosau, bestehend aus einem 150 Meter langen Sandstrand mit Beachvolleyballfeld, Spielplatz, Grillplatz und Bistro. Bäume spenden Schatten und ausreichend Platz bietet eine große Liegewiese. Die Badestelle in Dersau punktet ebenfalls mit einem Sandstrand und ist sehr idyllisch gelegen.

Hoch über dem Ort thront das gewaltige Plöner Schloss.

Skulptur der Malenter Seejungfrau im Dieksee

MALENTE UND UMGEBUNG

Wieder sind wir für nur zwölf Kilometer auf der Straße. Wir verlassen Plön über die B 76 zurück in Richtung Eutin, biegen aber nach dem Suhrer See nach links auf die Malenter Straße ab. Diese heißt später Plöner Straße und dann Bahnhofstraße. Und schon ist Malente erreicht – der Ort liegt zwischen dem Dieksee und dem Kellersee. Es ist ein Kurort mit dem Charme der 1980er-Jahre und einer sehr schönen Uferpromenade.

Natürlich dominiert auch in Malente wieder das Thema Wasser – es gibt allerdings auch ein paar Sehenswürdigkeiten an Land. Will man sich mit der Geschichte des Ortes befassen, eignet sich ein Besuch der recht zentral gelegenen **Gremsmühle**, Namensgeberin der Stadt Bad Malente-Gremsmühlen und eine der ältesten Mühlen Holsteins. Es handelt sich um eine wasserbetriebene Getreidemühle, die sich zwischen dem Kellersee und dem Dieksee befindet. Das Wasserrad wird vom Fluss Schwentine angetrieben.

Der wunderschöne **Kellersee**, zweitgrößter See der Holsteiner Seenplatte, ist ein Natursee, der am östlichen Rand der Malenter Innenstadt liegt. In Malente finden Badegäste an der Badestelle in Wöbbensredder einen guten Seezugang. Überraschenderweise bietet der See dank seiner Größe sogar die Möglichkeit für einen Segeltörn. Die Segelvereinigung Malente-Gremsmühlen ist hierfür Ansprechpartner. Durch den Fluss Schwentine ist der Kellersee mit dem **Dieksee** im Westen von Malente verbunden – so können Paddler von einem See zum anderen gelangen. Im Malenter Kanucenter kann man die Kanus dafür ausleihen. Bequemer ist eine Schifffahrt an Bord der »Luise«. Der Schiffsanleger befindet sich am Eingang des Naturlehrpfades WunderWasserWelt, der Groß und Klein zum Entdecken des Elements Wasser einlädt. Alle Landratten können den Kellersee über einen 16 Kilometer langen Rundweg erkunden.

Wer ein wenig flanieren möchte, kann dies im **Kurpark** des Heilbades Malente tun. Im Jahr 2009 zur zweitschönsten Parkanlage Deutschlands gekürt, setzt sich der 5,6 Hektar große Park aus zwei Teilen zusammen: dem aus einem Moränenhügel gebildeten Brahmberg und den teilweise überfluteten Wiesen am Fluss Schwentine. Auf dem

AUSFLUG

KANUTOUREN

Ob eintägig oder mehrtägig – wer einmal eine Kanuwanderung ausprobieren möchte, findet dafür kaum eine geeignetere Stelle. Der Fluss Schwentine verbindet alle größeren Seen miteinander und führt an schönen Uferbänken, herrschaftlichen Anwesen und einer artenreichen Flora und Fauna vorbei. Ebenso gut kann man sich aber auch beim Stand-up-Paddling ausprobieren – vor Ort gibt es den Verleih »kolula SUP«. Wasserwanderkarten mit einer Übersicht über die Wasserwege der Holsteinischen Schweiz erhält man beim Tourismus-Service Malente-Gremsmühlen.

Brahmberg blühen Rhododendren, Waldstauden, Magnolien und Blumenhartriegel. In den Flussniederungen blühen im Herbst Sumpfzypressen und Schildblätter. Im Kurhaus, auf der Freilichtbühne und im Musikpavillon finden regelmäßig Konzerte, Lesungen und andere Veranstaltungen statt. Einen schönen Spaziergang kann man vom Ort aus entlang der Uferpromenade des Dieksees zu den **Spiegelteichen** unternehmen, die sich am Ende der Diekseepromenade im Waldgebiet Holm befinden. Die Teiche wurden 1869 angelegt, um Fische in dem frischen Quellwasser des Waldes heranzuziehen, bis sie groß genug waren, im Dieksee ausgesetzt zu werden. Diese Aktion galt als Attraktion für die damaligen Kurgäste. Da es mit der Fischzucht aber nicht so recht funktionierte – das Herbstlaub übersäuerte das Wasser und Fischotter räuberten Fische – wurde das Projekt schon bald wieder eingestellt. Seit Malente 1955 zum Kneippheilbad ernannt wurde, werden die Spiegelteiche für Wasseranwendungen mit Wassertretstelle und Armkneippbecken nach Sebastian Kneipp genutzt.

Das strohgedeckte Bauernhaus **Tews Kate** in der Sebastian-Kneipp-Straße erinnert daran, dass Malente einst ausschließlich aus Katen bestand. Dieses nach der Familie Tews benannte Exemplar stammt aus der Zeit des Dreißigjährigen Krieges und gilt als älteste

Früher wurden in den Spiegelteichen Fische gezüchtet, heute sind sie ein Ausflugsziel.

erhaltene Räucherkate Schleswig-Holsteins. Sie beherbergt heute das Heimatmuseum von Malente, in dem unter anderem landwirtschaftliche Geräte, Haushaltseinrichtungen und alte Spinnräder gezeigt werden. Neben der Kate informiert ein Gesteinsgarten anhand von Schautafeln über den Weg der Findlinge von Skandinavien nach Norddeutschland. Eine zweite Kate, die **Thomsen-Kate** in der Marktstraße, hat ein Reetdach und einen öffentlich zugänglichen Bauerngarten mit Wegen, Beeten, einem Nutzgarten, Obstbäumen und einem Kräutergarten.

Malente
Kellersee
Gutsanlage
Rothensande
Holzbergturm
Findlingsgarten
Lütjenburger Straße
Dorfstraße
Hauptstraße
B430 17 km
Lütjenburg

Ein sehr schöner Gesamtüberblick über den Kurort Bad Malente, die umliegenden Dörfer und die ganze Holsteinische Schweiz bietet sich vom neu errichteten **Holzbergturm** aus. Der Turm aus verzinktem Stahl besitzt fünf Ebenen. Rund um den Turm informieren zahlreiche Schilder über die Landschaft der Holsteinischen Schweiz. Die Infotafeln im Turm auf dem Weg nach oben entsprechen dem Aufbau eines Baumes von der Wurzel bis zur Krone. Am Fuß des Turms steht neben Sitzgelegenheiten eine Ladestation für E-Bikes zur Verfügung.

Im Umfeld von Malente ist die barocke Gutsanlage **Rothensande** ein Besuchermagnet. Sie liegt direkt am Kellersee. In den 1950er-Jahren war die Anlage Drehort der beliebten Immenhof-Filme. Aber auch ohne diese berühmte Vergangenheit ist das Anwesen mit den Stallungen, dem historischen Kornspeicher, den weiten Koppeln und dem prachtvollen Herrenhaus aus dem Jahr 1911 einen Besuch wert.

Wer tiefer in die Filmgeschichte der Trilogie über den Immenhof einsteigen möchte, kann dies im Rahmen einer Immenhof-Filmtour tun. Im **Immenhof-Museum** sind Requisiten, Kostüme, Filmplakate sowie ein Modell

Die Tews-Kate ist die älteste Räucherkate Ostholsteins.

Der Bürgerbrunnen in Lütjenburg ist eine Attraktion.

des Immenhofs ausgestellt. Die originale Kutsche aus »Die Mädels vom Immenhof« ist ebenfalls zu besichtigen. Manchmal finden Sonderveranstaltungen statt, es lohnt sich, auf der Homepage des Museums zu schauen, was aktuell angeboten wird (immenhofmuseum.de).

Einen wahren Koloss von Stein beherbergt der **Findlingsgarten** bei Kreuzfeld. Es handelt sich um den 126 Tonnen schweren Wandhoff-Findling, der zu den größten Findlingen Schleswig-Holsteins zählt. Als Findlinge bezeichnet man ortsfremde, große Felsblöcke, die durch Gletscher von ihrem nördlichen Ursprung zu ihrem heutigen Fundort transportiert wurden. Der denkmalgeschützte, zwei Milliarden Jahre alte Granit-Felsblock ist zwar der Star im Findlingsgarten, es gibt aber auch Umwandlungsgesteine (Metamorphite) und Ablagerungsgesteine (Sedimente) zu sehen.

IN NÖRDLICHE GEFILDE

Wir nehmen nun Kurs auf Lütjenburg. Zwar liegt dort mit dem Selenter See noch einmal einer der vielen Seen der Holsteinischen Schweiz, aber wir machen an ihm keinen längeren Halt. Von Malente aus fahren wir über die Lütjenburger Straße, die Dorfstraße und die Hauptstraße Richtung Norden, bis wir auf die B 430 treffen. Dieser folgen wir weiter gen Norden, über die B 202 hinweg und auf der Schönberger Straße nach Lütjenburg.

Der Luftkurort **Lütjenburg** an der Hohwachter Bucht ist ein charmantes Städtchen im Kreis Plön. Schon ein Spaziergang durch den Ort, vorbei an barocken Bauwerken und dem historischen Marktplatz, entschleunigt und gibt die Stimmung des gemütlichen Ortes schön wieder.

Wer den empfohlenen Stadtrundgang unternimmt (siehe Tipp), hat alles Wesentliche gesehen. Wer nur kurz Zeit hat, sollte auf

Tipp

STADTRUNDGANG

Auf der Webseite der Hohwachter Bucht Touristik GmbH findet sich ein schöner Rundgang durch Lütjenburg, der detailliert beschrieben ist und an alten Gebäuden wie Färberhaus oder Kornbrennerei, einem Brunnen, einem Aussichtsturm und anderen markanten Punkten der Stadt vorbeiführt. Zu den jeweiligen Points of Interest gibt es eine kurze Erläuterung (hohwachterbucht.de/urlaubsorte/luetjenburg).

jeden Fall der nördlich von Lütjenburg gelegenen **Turmhügelburg** einen Besuch abstatten. Es ist die Rekonstruktion einer alten Burganlage mit Ringwall und Wassergraben.

Das Mittelaltermuseum im Nienthal ist ein Freilichtmuseum, in dem mittelalterliches Alltagsleben nachgestellt wird. Führungen finden vom 1. Mai bis 30. September mittwochs, samstags und sonntags (ohne Voranmeldung) statt. Es werden auch Sonderveranstaltungen angeboten. Außerhalb der Öffnungszeiten kann das Außengelände des Museums betreten werden. Hunde sind auf dem Gelände erlaubt, müssen aber an der Leine geführt werden. Ebenfalls im Nienthal und nur eine Minute Fahrzeit von der Turmhügelburg entfernt, ist das **Eiszeitmuseum** sicher nicht nur bei schlechtem Wetter eine gute Empfehlung. Es befasst sich mit den Auswirkungen der Eiszeit auf die Entstehung Norddeutschlands. Das Museum beinhaltet Exponate verschiedener Fossilien, Mineralien und Gesteine und bietet interaktive Möglichkeiten, mehr über die Eiszeit zu erfahren, zum Beispiel beim Bernsteinschleifen oder Präparieren von Fossilien.

Acht Kilometer von Lütjenburg entfernt befindet sich an der Ostseeküste der **Kurstrand Hohwacht**. Der weiße Sandstrand unterteilt sich in mehrere Abschnitte: Allein zwei Kilometer lang ist der Kurstrand, hinzu kommen 1,5 Kilometer Naturstrand und es gibt zwei eigens gekennzeichnete Strandabschnitte für Hunde. Der lange, helle Sandstrand bietet Abschnitte mit und ohne Strandkörbe, zum Teil verläuft er entlang der Steilküste und der Kurstrand ist von der DLRG überwacht. Sportlich Ambitionierte können ein Tretboot mieten oder einen Kurs an der Surf- und Segelschule in Alt-Hohwacht buchen. An allen Strandabschnitten stehen Toilettengebäude und kostenfreie Duschen an den Strandeingängen zur Verfügung.

AUSFLUG

ZUM HESSENSTEIN

Rund sechs Kilometer nördlich von Lütjenburg befindet sich der 128 Meter hohe Pilsberg mit dem Aussichtsturm Hessenstein. Dieser wurde von 1839 bis 1841 im Auftrag des Landgrafen Friedrich von Hessen im neugotischen Stil erbaut und ist 17 Meter hoch. Vom Turm bietet sich ein wunderbarer Blick bis hin zur Ostsee und über die Holsteinische Schweiz. Mit Einwurf einer 1-Euro-Münze gelangt man auf die Aussichtsplattform. Nach der Turmbesteigung kann man in dem Waldgebiet rund um den Turm schöne Spaziergänge unternehmen. Auf alle Fälle sollte man im nahen Forsthaus Hessenstein mit lauschigem Garten einkehren (Montag und Dienstag Ruhetag).

↑ Viel zu entdecken gibt es auf dem Gelände der Turmhügelburg. ↗ Blick vom Aussichtsturm Hessenstein ↓ Naturschutzgebiet Sehlendorf an der Hohwachter Bucht

Flanieren im Alten
Botanischen Garten von Kiel

KIEL UND KIELER FÖRDE

Wir brechen unsere Zelte in Lütjenburg ab und wenden uns gen Kiel. Die B 202 führt in westliche Richtung aus Lütjenburg heraus und mündet in Schwentinental in die B 76, der wir nach rechts folgen und so geradewegs ins Stadtgebiet von Kiel gelangen.
Die Landeshauptstadt Schleswig-Holsteins ist die nördlichste Großstadt Deutschlands. Mit knapp 250 000 Einwohnern ist Kiel auch Schleswig-Holsteins bevölkerungsreichste Stadt. Kiel liegt an der Ostsee und an der künstlichen Wasserstraße Nord-Ostsee-Kanal. Die Deutsche Marine ist in Kiel stationiert. Einer der herausragenden Events der Stadt ist die jährlich stattfindende **Kieler Woche**, eine Segelregatta, die als eines der größten Segelsportereignisse der Welt gilt. Kiel erstreckt sich hufeisenförmig um den Naturhafen Kieler Förde, der einen wichtigen Ostseehafen darstellt. Im Osten von Kiel geht die Holsteinische Schweiz ins Stadtgebiet über.
Was gibt es nun also zu entdecken in Schleswig-Holsteins Hauptstadt? Das Wahrzeichen von Kiel ist der **Rathausturm**. Er ist 106 Meter hoch und steht zusammen mit dem 1907 bis 1911 erbauten Rathaus auf dem Rathausplatz. Der Karlsruher Architekt Hermann Billing hat den eindrucksvollen Bau nach dem Vorbild des Markusturms in der Lagunenstadt Venedig entworfen. Im Rahmen von Führungen kann der unter Denkmalschutz stehende Turm besichtigt werden. Mit einem Aufzug erreicht man die Aussichtsplattform auf einer Höhe von 67 Metern. Sie führt einmal um den Turm herum und eröffnet Blicke über Innenstadt, Hafen und die Kieler Förde.
Ein weiteres imposantes Bauwerk ist der **Hörn Campus** – kein altehrwürdiges Bauwerk allerdings, sondern im Gegenteil ein sehr modernes Bürogebäude in Form einer gebogenen Spange, das auf der ehemaligen Hafenbrache errichtet wurde. In den geschwungenen, dem Ufer zugewandten Glasfassaden spiegeln sich die Motive Wind, Wasser und Dynamik wider. Vor dem Gebäude reicht eine Treppenanlage bis zum Wasser – auf den Stufen kann man sich niederlassen und ein ungewöhnliches Panorama genießen.
Bleiben wir beim Hörn – die **Kieler Hörn** markiert die Hafenspitze der Landeshaupt-

stadt und das Ende der Kieler Förde. Die **Hörnbrücke**, eine Dreifachzugklappbrücke für Fußgänger und Fahrradfahrer, überspannt die Kieler Hörn und verbindet das Kieler West- mit dem Ostufer. Wenn Schiffe die Brücke passieren, »faltet« sie sich zusammen – das dauert etwa eine Viertelstunde. Die Brücke verbindet außerdem das Stadtzentrum Kiels mit dem Ortsteil Gaarden und dem Norwegenkai am Ostufer. Dort (im sogenannten Germaniahafen) ist auch ein **Museumshafen** mit traditionellen Arbeitsschiffen, Segelschiffen und historischen Wasserfahrzeugen zu finden, am Westufer legen an der Bahnhofsbrücke Linienfähren des Regionalverkehrs an. Von der Hörnbrücke hat man einen schönen Blick auf die Kieler Skyline und den Hafen.

Die Hafenpromenade heißt **Kiellinie**. Sie liegt im Stadtteil Düsternbrook und erstreckt sich zwischen dem Ostseekai und der Blücherbrücke, wo auch die Gorch Fock ihren Liegeplatz hat. Malerische Bootshäuser säumen die lebhafte Kiellinie und man sieht sehr schön von hier aus auf der anderen Seite der Kieler Förde die großen Kräne der Howaldtswerke-Deutsche Werft GmbH, fast so etwas wie ein Wahrzeichen Kiels.

Wir bleiben noch ein wenig am Wasser und betrachten die Leuchttürme der Hafenstadt. Es sind drei an der Zahl, der schönste davon ist der 23 Meter hohe **Lechtturm Holte-**

Der Germaniahafen ist ein Museumshafen.

Tipp

ENTSPANNTER SOMMERTAG

250 Meter südlich vom Kieler Landtag befindet sich ein ganz besonderes Fleckchen: die Badestelle Kiellinie am Camp 24/7 mit einem abgegrenzten Teilbereich der Kieler Förde. Das hat Freiwasser-Charakter und es ist einfach herrlich, so mitten in der Stadt vom Badesteg Kiellinie ins kühle Nass zu hüpfen. Der abgetrennte Bereich zum Schwimmen ist 30 × 35 Meter groß und wird vom Team der Kieler Bäder GmbH bewacht.

---

nau. Er besteht aus rotem Backstein, wurde zu Zeiten Kaiser Wilhelms erbaut und befindet sich in einer Grünanlage am Nordufer des Nord-Ostsee-Kanals. In der Kieler Förde auf einer kleinen Insel steht der grün-weiße **Leuchtturm Friedrichsort**. Der größte der Kieler Leuchttürme ist der **Leuchtturm Kiel** – er besteht aus Aluminium und thront mit einer Höhe von 33 Metern vor der Küste der Kieler Bucht. Zwar kein Leuchtturm, aber auch sehr ansehnlich ist der **Wasserturm Ravensberg**, ein Kulturdenkmal aus der Gründerzeit. Der Turm steht westlich der Kieler Förde auf dem Ravensberg. Der Backsteinbau wurde in Anlehnung an mittelalterliche Befestigungs- und Burgtürme entworfen. Er hat einen Durchmesser von 24 Metern und ist 30 Meter hoch.

Wenn das Wetter nicht mitspielt, schaffen Museen Abhilfe. Das **Schifffahrtsmuseum** beleuchtet die maritime Geschichte Kiels und befindet sich passenderweise in einer imposanten ehemaligen Fischhalle nahe der Förde. Die Kulturgeschichte Schleswig-Holsteins wird im **Freilichtmuseum Molfsee** lebendig. Es ist das größte Freilichtmuseum Norddeutschlands und umfasst mehr als 70 historische Gebäude. In Hofanlagen und Mühlen, in Gärten und auf Feldern wird das

Berühmtes Segelschiff Gorch Fock

Sichtlich dem Markusturm von Venedig nachempfunden ist der Kieler Rathausturm.

Leben in den vergangenen Jahrhunderten aufgezeigt. Neben Exponaten wie Mobiliar, Hausrat und Arbeitsgeräten gibt es Demonstrationen ehemaliger Handwerkskunst zu sehen wie Schmieden, Töpfern oder Korbmacherei. Eine Museumsbahn erschließt das etwa 60 Hektar große Gelände. Im **Aquarium GEOMAR** kann man nicht nur die Unterwasserwelt der Ostsee entdecken, sondern auch die Bewohner exotischerer Gefilde kennenlernen. In Außengehegen leben außerdem Seehunde und man erfährt allerhand Interessantes über diese Tiere.
Das Gutwetterprogramm kann sich ebenfalls sehen lassen: Der kleine **Alte Botanische Garten** ist eine Parkanlage nahe der Kieler Förde, die bereits im 17. Jahrhundert als Landschaftsgarten im englischen Stil angelegt wurde. Erst später wurde der Park in einen botanischen Garten umgewandelt. Unter dem vielfältigen Baumbestand befinden sich einige Exoten, alle Bäume sind beschriftet. Seit 1975 gibt es zusätzlich den **Neuen Botanischen Garten** auf dem Universitäts-Campus in der Olshausenstraße. Am Ostseekai kann man im **Schlossgarten** flanieren, der einst als Renaissancegarten angelegt wurde und 1695 zu einem prachtvollen Barockgarten ausgebaut wurde. Eine reiche Flora und verschiedene Statuen sind die Attraktion der Anlage. Das Naherholungsgebiet **Schrevenpark** bietet einen Ort der Ruhe. An einem Teich im Mittelpunkt des Parks tummeln sich alle Arten von Wasservögeln. Es gibt viele Liegewiesen, die zum Innehalten einladen, und in manchen Bereichen ist auch das Grillen erlaubt.
Werfen wir noch einen kurzen Blick in die Innenstadt von Kiel: Die **Holstenstraße** ist die traditionelle Einkaufsmeile Kiels; es ist die zweitälteste Fußgängerzone Deutschlands. Vom Hauptbahnhof aus erreicht man das südliche Ende der Holstenstraße durch eine überdachte Fußgängerbrücke und die Ladenpassage Sophienhof-Holstentörn mit Läden aller Art. Am nördlichen Ende der Einkaufsstraße befindet sich mit dem Alten Markt und der Nikolaikirche der historische Stadtkern.

Evangelische Hauptkirche
St. Nikolai

Den Stadtbesuch von Kiel kann man nun mit einem Strandbesuch ausklingen lassen. Hierzu ist der herausragend schöne **Strand Hasselfelde** gut geeignet. Er befindet sich am Kieler Ostufer, etwa fünf Kilometer von der Innenstadt entfernt, auf halbem Weg nach Heikendorf und bietet zum Badevergnügen einen schönen Blick auf die Kieler Förde und das Westufer. Es ist ein kleiner, lauschiger Strand abseits vom Trubel und herrlich im Grünen gelegen. Dafür bietet er auch keinerlei Einrichtungen wie Sanitärgebäude oder Ähnliches.

KONTRASTPROGRAMM IN LABOE

Von Kiel aus und insbesondere vom Campingplatz Möltenort, der im Kieler Stadtteil Heikendorf liegt, ist es ein Katzensprung bis zum Ostseebad **Laboe** am Ostufer der Kieler Förde. Das ist ein kleines Kontrastprogramm zum Großstadterlebnis in Kiel: Man kann baden, Schiffe gucken und die Natur genießen. In Sachen **Wassersport** wird behauptet, Laboe sei einer der besten Spots an der Kieler Förde: ob Surfen, Stand-up-Paddling, Kitesurfen oder Segeln – hier kann man sich so richtig austoben. Mehrere Surfer-, Kite-, Segel- und SUP-Schulen stehen Wasserratten für Aktivitäten in allen Schwierigkeitsstufen zur Verfügung. Chilliger geht es zu am breiten, feinsandigen **Kurstrand** von Laboe, der einen Kilometer lang ist und westlich von Laboe an der Kieler Förde liegt. Es stehen Strandkörbe zur Verfügung, der Badestrand wird während der Saison von der DLRG bewacht. Spielgeräte für Groß und Klein und ein separater Sportstrand für Beachsportarten sorgen für körperliche Auslastung. Ein Bereich ist auch als Hundestrand ausgewiesen.

Der Strand erstreckt sich zwischen dem Hafen von Laboe und endet nahe dem **Marine-Ehrendenkmal**. Das ist ein weithin sichtbarer, 85 Meter hoher Turm, der die Form eines U-Boot-Turmes hat und eine Aussichtsplattform besitzt, die über Treppen oder zwei Aufzüge erreicht wird. Bei klarer Sicht genießt man einen Blick über die Ostsee bis zu den dänischen Inseln, zurück zur Fehmarnsundbrücke und in die Holsteinische Schweiz. Ursprünglich war das Ehrenmal der im Ersten Weltkrieg gefallenen Ange-

Tipp

ÖPNV ZU WASSER

Die Kieler Fördeschiffe transportieren Passagiere von der Bahnhofsbrücke Kiel nach Laboe und im Sommer auch zu weiteren Zielen. Die Mitnahme von Fahrrädern ist erlaubt. Informationen zu den Shuttle-Fähren findet man unter sfk-kiel.de.

↑ Das U-Boot U995 ist als technisches Museum ein Teil des Marine-Ehrenmals.
↓ Feinsandiger, flach abfallender Strand von Laboe am Ostufer der Kieler Förde

↑ Wassersport am Strand von Laboe
↗ Die Mühle Krokau ist ein wunderschönes Exemplar!

hörigen der Kaiserlichen Marine gewidmet, wurde nach dem Zweiten Weltkrieg aber zur Gedenkstätte für alle auf See Verstorbenen aller Nationen. Das Wohnmobil kann man gut auf dem Parkplatz Ehrendenkmal abstellen, dort gibt es auch günstige Übernachtungsstellplätze. Der dem Parkplatz am nächsten gelegene Strand ist naturbelassen, es geht gemütlich und entspannt zu – ein Tipp für alle, die keine Lust auf Strände mit Strandkorb an Strandkorb haben.
Wer Erkundungen zu Land unternehmen möchte, kann dies zu Fuß oder mit dem Fahrrad tun. Im ausgewiesenen **Naturerlebnisraum Dünenlandschaft Laboe** gibt es die schönsten Lebensräume der Ostsee auf einen Schlag: Steilküste, Dünenlandschaft, Meeressaum mit Sandbank und Strandsee. Sandpfade führen durch das Gelände, das mit Informationstafeln über die Vogelwelt, Strandfunde und zur Entstehung dieser Küstenlandschaft ausgestattet ist. Oberhalb des Steilufers verläuft ein Höhenweg, auf dem man durch die Baumkronen hindurch Blicke auf die Kieler Förde erhaschen kann. Man erreicht den Naturerlebnisraum entweder im Osten oberhalb der Steilküste vom Parkplatz nahe dem Café Koffiehuis aus (toller Blick über die Lagunenlandschaft) oder im Südwesten vom Parkplatz unterhalb des Marine-Ehrendenkmals aus. Mehrere **Fahrradtouren** führen durch die Probstei, es gibt eine Kulturroute, eine maritime Route und eine Naturroute. Interessierte finden die Strecken auf der Homepage des Laboer Fahrradverleihs unter fahrradverleih-laboe.de/Radtouren.
Ebenfalls etwas außerhalb von Kiel kann man die malerische **Mühle Krokau** besichtigen. Sie befindet sich in Privatbesitz, ist aber im Rahmen von Führungen begehbar (Termine für die Besichtigungen unter probsteier-muehlenverein.de). Aber auch ohne Führung ist die restaurierte Mühle ein wahres Schmuckstück. Nebenan kann man sich im Restaurant Il Mulino italienische Speisen schmecken lassen.
Mit ein bisschen Kulturprogramm schließen wir die Tour ab. Im **Probstei Museum Schönberg** wird Besuchern in Gebäuden einer restaurierten Hofanlage Einblick in die bäuerliche Wohnkultur und Lebensverhältnisse des 19. und 20. Jahrhunderts gewährt – mittels Märkten, Vorführungen, Aktivitäten, Theater, Lesungen, Musik und Führungen.
Südlich von Laboe werden im **Künstlermuseum Heikendorf** regionale Kunst und Wechselausstellungen europäischer wie auch internationaler Malerei präsentiert.

PRAKTISCHE HINWEISE

TOURISTINFORMATIONEN

Tourismus-Service Heiligenhafen
Bergstr. 43, 23774 Heiligenhafen, Tel. 04362/90720, heiligenhafen-touristik.de

Oldenburg-Information
Schauenburger Platz 2, 23758 Oldenburg in Holstein, Tel. 04361/5083913, oldenburg-holstein.de

Tourismuszentrale Holsteinische Schweiz
Bahnhofstr. 5, 24306 Plön, Tel. 04522/50950, holsteinischeschweiz.de

Tourist-Info Eutin
Markt 19, 23701 Eutin, Tel. 04521/70970, holsteinischeschweiz.de

Tourismus-Service Malente-Gremsmühlen
Bahnhofstr. 3, 23714 Bad Malente, malente-tourismus.de

Tourist-Information Lütjenburg
Markt 4, 24321 Lütjenburg, Tel. 04381/419941, stadt-luetjenburg.de

Welcome Center Kieler Förde
Stresemannplatz 1–3, 24103 Kiel, Tel. 0431/679100, kiel-sailing-city.de

Tourist Information Laboe
Börn 2, 24235 Laboe, Tel. 04343/427550, laboe.de/tourist-information

KARTE

KOMPASS-Karten GmbH: Naturpark Holsteinische Schweiz 1:50 000. Wandern, Rad. GPS-genau.

CAMPING- UND STELLPLÄTZE

S300 **Reisemobilstellplatz Heiligenhafen** (S. 204 B2)
Am Jachthafen 4 a, 23774 Heiligenhafen, Tel. 04362/50340, reisemobilstellplatz-heiligenhafen.de
GPS: 54.377875, 10.953989

Der große Platz mit 99 Stellplätzen befindet sich am Binnensee und in Strandnähe. Einkaufsmöglichkeiten nebenan und in der Innenstadt, in die man über die Binnenseepromenade gelangt. Es stehen WC-Anlagen und Duschen (auch für Familien und Personen mit Handicap) sowie Waschmaschine und Trockner und ein Geschirrspülraum zur Verfügung. Zudem Ver- und Entsorgung und eigene Stromversorgung an jedem Platz. Eine Reservierung ist nicht möglich.

S301 **Wohnmobilstellplatz am Oldenburger Wallmuseum** (S. 204 B3)
Prof.-Struve-Weg 1, 23758 Oldenburg in Holstein, Tel. 0170/9298726 (bei Störungen)

Platz mit Aussicht auf dem Campingplatz Möltenort an der Kieler Förde

Direkt am See: Naturpark Camping Prinzenholz

GPS: 53.953809, 10.856991
Von der Stadt Oldenburg betriebener Stellplatz auf Parkplatzuntergrund für acht Reisemobile am Oldenburger Wallmuseum. Um den Platz herum führt die Wallanlage Oldenburgs. Vorhanden (gegen Gebühr) sind Strom und Frischwasser, kostenlos stehen Ver- und Entsorgung sowie WLAN zur Verfügung. Sanitäranlagen gibt es nicht. Maximale Aufenthaltsdauer sind 24 Stunden.

C 302 **Naturpark Camping Prinzenholz** (S. 203 H4)
Prinzenholzweg 20, 23701 Eutin, Tel. 04521/52 81 (während der Saison), 0178/625 15 77 (außerhalb der Saison)
GPS: 54.160507, 10.602504
Direkt am Kellersee gelegener, ruhiger und sauberer Platz, liebevoll und professionell geführt mit vielen schönen Extraangeboten für die Gäste wie zum Beispiel Yoga oder ein Tapas-Foodtruck, der zweimal pro Woche abends kommt. Jede großzügig angelegte Parzelle verfügt über Strom und Wasser, die Stellplätze verteilen sich auf das terrassenförmig angelegte Gelände. Am Platz gibt es einen tollen Hofladen mit regionalen Produkten (sogar Grillpakete vom Bauern), leckeren Torten und Kuchen und einem Brötchenservice. Auf dem ganzen Platz kostenlos verfügbares WLAN. Zum Platz gehören eine Bade-Sandbucht und eine Sauna. Ein Waldstück zum Spazierengehen grenzt direkt an. Sehr hundefreundlich (mit Hundetrainerin, Hundebadestelle, Hundedusche und Fön).

C 303 **Campingplatz Lange Wisch** (S. 203 G4)
Vogelsang 3, 24326 Ascheberg, Tel. 04526/907 36 67, lange-wisch.de
GPS: 54.145979, 10.340764
Neu angelegter Campingplatz am Plöner See mit neuen Sanitärgebäuden und schönen, großzügigen Rasenstellplätzen. Frischwasser, Abwasser, Strom und SAT an jedem Platz. Platzgrößen 90 bis 180 Quadratmeter. Es gibt auch Stellplätze vor der Schranke, diese sind jederzeit anfahrbar. Kostenpflichtiges WLAN. Die erste Reihe der Plätze liegt direkt an der Orts-Durchfahrtsstraße, die hinteren am See (Komfortplätze). Es ist ein direkter Seezugang vorhanden, hier wird ein städtisches Freibad betrieben. Mit Imbiss und künftig auch einem Restaurant.

C 304 **Naturcamping Spitzenort** (S. 203 G4)
Ascheberger Str. 76, 24306 Plön, Tel. 04522/2769, spitzenort.de
GPS: 54.146522, 10.40005
An drei Seiten ist der Campingplatz von Wasser umgeben, die Innenstadt von Plön ist schnell erreicht – ideale Lage also für einen Campingplatz. Schön gestaltet mit Schatten spendenden Bäumen und Büschen. Saubere Sanitäranlagen, teilweise neu, außerdem gibt es eine Sauna und einen kleinen Laden mit frischen Brötchen und ein Restaurant mit leckerem Essen. Die Stellplätze sind großzügig bemessen mit Strom- und TV-Anschluss, manche haben auch Wasser- und Abwasseranschluss. 27 extra ausgewiesene Plätze mit Lage am See. Vor der Schranke gibt es einen Wohnmobilhafen mit allen Anschlüssen für Kurzcamper.

C 305 **Camping an der Schwentine** (S. 203 H4)
Wiesenweg 14, 23714 Bad Malente, Tel. 04523/4327, camping-bad-malente.de
GPS: 54.152633, 10.357803
Ein Geheimtipp ist der kleine, naturnahe Campingplatz direkt am Ufer des Flusses Schwentine im Ortsbereich von Malente. Einzigartig macht ihn die Lage in einer parkähnlichen Auenlandschaft. Es gibt eine Badestelle am Fluss und für Kinder eine Spielwiese und Spielplätze. Die nicht ganz modernen, aber sehr sauberen Sanitäranlagen verfügen über eine Familiendusche und ein Babybad. Waschmaschine, Trockner, kostenloses WLAN, Strom und ein Kiosk mit Brötchenservice stehen zur Verfügung. Der Platz ist für Kanutouren geeignet, da man mit dem Boot anlanden kann, und ein guter Ausgangsort für Radtouren.

C 306 **Campingplatz Platen** (S. 204 A3)
Wewerin 2, 24327 Sehlendorf, Tel. 04382/351, campingplatz-platen.de
GPS: 54.302804, 10.699855
Auf der östlichen Seite der Hohwachter Bucht gelegener Campingplatz nahe dem Strand. Unendlich große Fläche für Dauercamper, die Touristenplätze befinden sich separat auf Wiesen. Gute Infrastruktur mit Imbissständen, Programmangeboten, Waschmaschine und Trockner, Ver- und Entsorgung sowie kostenpflichtigem WLAN. Für den Duschschlüssel bezahlt man 20 Euro Pfand und 10 Euro Aufladung (pro Duschgang 1 Euro). Lütjenburg ist mit dem Fahrrad gut erreichbar, zu Fuß kann man zum Naturschutzgebiet Sehlendorfer Binnensee gehen.

C 307 **Campingplatz Möltenort** (S. 203 F2)
Uferweg 24, 24226 Heikendorf, Tel. 0431/2394529, campingplatz-möltenort.de
GPS: 54.385199, 10.206088
Platz zwischen Wald und Meer an der Kieler Innenförde – Plätze auf dem Damm und am Wasser mit Panoramablick (bei den Plätzen unterhalb des Damms sieht man das Wasser nicht). Ein Teil des Platzes grenzt an den Sand- und Feinkiesstrand. Es gibt Brötchenservice, Strom, Fernsehanschlüsse, Waschmaschine und Wäschetrockner sowie WLAN auf dem gesamten Platz. Keine Wohnmobile über acht Meter Länge. Schmale, steile und holprige Zufahrt (aber nur kurz). Tolle Sonnenuntergänge! Star-Campingplätze mit Exklusiv-Blick während der Kieler Woche!

S 308 **Wohnmobilstellplatz Förde- und Kanalblick** (S. 203 F2)
Mecklenburger Str. 58, 24106 Kiel, Tel. 0431/38908515, bella-vista-kiel.de
GPS: 54.364223, 10.145817
Direkt am Nord-Ostsee-Kanal mit Blick auf die Schleusenanlagen und die Kieler Förde liegt dieser Stellplatz nördlich von Kiel. Von den 30 Plätzen befinden sich 18 in erster Reihe am Kanal. Strom, sanitäre Anlagen, Ver- und Entsorgung sind vorhanden. Von einer Aussichtsterrasse an der nahen Schleuse (kostenpflichtig) kann man dem Treiben auf dem Kanal zuschauen. Hier gibt es auch einen Imbiss. Der Platz ist geschottert und grün umrahmt und ein Traum für alle, die gerne Schiffe beobachten. Nicht reservierbar.

Fotogener Leuchtturm im Hafen von Eckernförde

4

IM HÖCHSTEN NORDEN

Unterwegs in Deutschlands nördlichsten Gefilden

Hoch in den Norden führt uns diese Tour – mit Flensburg in die nördlichste kreisfreie Stadt Deutschlands. Der Weg dorthin ist spannend: Geschichtliches im Wikinger-Museum, Natur und reizvolle Landschaft am Meeresarm Schlei, Leuchttürme und schließlich Flensburg mit seiner schönen Altstadt und dem historischen Hafen. Unweit davon die Kleinstadt Glücksburg in der Flensburger Förde, endgültig nördlichste Stadt Deutschlands, mit Schloss und dem Strand Solitude. Alles garniert mit nördlichem Flair!

Viel Natur durchfahren wir auf dieser Route, deren Highlight ungefähr in der Mitte liegt: Der Meeresarm Schlei ist ein 42 Kilometer langer Ostseefjord, der die beiden Landschaften Angeln und Schwansen trennt. Rund um die Schlei wurde 2008 der Naturpark Schlei gegründet – die Schlei ist ein Naturjuwel mit einer reichen Kulturlandschaft und vielen Möglichkeiten, den schönen Flecken Erde kennenzulernen. Schließlich widmen wir uns Flensburg, besuchen dort Museen und die verschiedenen Bauwerke der Altstadt, bevor wir die Flensburger Förde und die umgebende Natur erkunden.

Der Ort hat eine hübsche Fußgängerzone.

MARITIME HAFENATMOSPHÄRE

Von Kiel aus, das wir in Tour 3 bereits ausgiebig besichtigt haben, starten wir über die B 76 in nordwestliche Richtung und erreichen nach nur 28 Kilometern den ersten Ort der Route, das Ostseebad **Eckernförde** an der Eckernförder Bucht. Unser erster Anlaufpunkt ist der Hafen von Eckernförde mit seinen beiden **Leuchttürmen**: dem alten blau-gelb gestreiften und dem neuen rot-weiß gestreiften. Direkt beim Hafen befindet sich das **Ostsee Info-Center**, ein Erlebniszentrum mit Meeresaquarien, Küstenlandschaften, einer virtuellen Kutterfahrt, einem botanischen Dachgarten und einem Bistro. Südöstlich des Hafens schließt sich die wunderschöne **Altstadt** von Eckernförde an, die mit vielen kleinen Gassen und bunten Häusern einen zauberhaften Charme versprüht. Rund um den historischen Rathausmarkt stehen nicht nur schön herausgeputzte Häuser – allen voran das fotogene Rathaus – der Platz wird auch für unterschiedliche Veranstaltungen genutzt. In zahlreichen kleinen Läden findet man beim Bummeln und Shoppen ein buntes Sortiment. An der Fußgängerzone steht die dreischiffige Sankt-Nicolai-Kirche aus dem 13. Jahrhundert mit Kunstwerken des 16. und 17. Jahrhunderts in ihrem Inneren. Die 40 Stände des Wochenmarktes (mittwochs und samstags von 7 bis 13 Uhr) werden rund um die Kirche gruppiert. Im Alten Rathaus befindet sich das Stadtmuseum, das die historische Entwick-

ROUTE 4

START- UND ENDPUNKT
Kiel und Flensburg/Glücksburg

STRECKENLÄNGE
147 km

FAHRZEIT
4 bis 6 Tage

BESTE JAHRESZEIT
Mai bis Oktober

Start Kiel
B76
28 km
Ostseebad Eckernförde
Leuchttürme
charmante Altstadt
Strand mit Promenade
B76
20 km
Wikinger Museum Haithabu

lung Eckernfördes thematisiert. Auch eine große historische Modelleisenbahn-Anlage gehört zu den Exponaten.

Am vier Kilometer langen **Hauptstrand** des Ortes, der südlich vom Hafen beginnt, kommen Sonnenanbeter, Sportbegeisterte, Familien, Hunde und FKK-Freunde auf ihre Kosten – jeweils in eigenen Strandabschnitten. In einem Wassersportcenter kann man Kurse für Windsurfen, Segeln und SUP buchen. Eine **Promenade** mit gastronomischem Angebot säumt den Strand. In der Nähe des Hafens befindet sich mit der vier Meter hohen Skulptur einer Meerjungfrau eines von mehreren Kunstwerken an der Promenade. Spielt das Wetter nicht mit, bietet das **Meerwasser-Wellenbad Eckernförde** eine gute Alternative zu den echten Wellen der Ostsee.

↑Skandinavische Impressionen hinter dem Hafen ↓ Der Rundspeicher am Hafen von Eckernförde ist ein ehemaliger Silo.

Im lang gestreckten **Binnenhafen** liegen Traditionsschiffe, Fischkutter und Sportboote. Eine alte Holzbrücke und der 1931 erbaute Backstein-Getreidespeicher sind nicht nur schön anzusehen, sondern auch Wahrzeichen des Ortes. An jedem ersten Sonntag im Monat findet ein Fischmarkt mit Verkauf direkt vom Kutter statt.
Alternativ zum Stadtstrand lädt der **Naturstrand Lindhöft** ein, die Natur zu genießen, spazieren zu gehen oder sich die Sonne auf den Bauch scheinen zu lassen. Beim Campingplatz am Ende des Strandweges kann man parken (kostenpflichtig von 1. Mai bis 30. September), neben dem Parkplatz gibt es öffentliche Toiletten und auf dem Campingplatz steht zur Einkehr die Gaststätte Seerose zur Verfügung.

KULTUR

ALTE FISCHRÄUCHEREI

Die in den Himmel ragenden Schornsteine sind weithin sichtbar. Es sind die alten Fischräuchereien, die Eckernförde zu einem wichtigen Standort der Fischindustrie gemacht haben. Die Museumsräucherei in der ehemaligen Räucherei Hopp, die bis 1962 in Betrieb war, bietet einen Einblick in die Arbeit eines solchen Betriebes. Bei Veranstaltungen beziehungsweise bei Führungen mit angemeldeten Gruppen (acht bis 30 Personen) gibt es auch eine Kostprobe – dann werden sogar die alten Rauchöfen wieder in Betrieb genommen (alte-fischraeucherei.de).

KLEINE AUSZEIT AM WINDEBYER NOOR

Am Westrand von Eckenförde liegt der fast 400 Hektar große Binnensee Windebyer Noor. Das unter Naturschutz stehende Gebiet ist ein wunderbares Ausflugsziel für Naturliebhaber. Wer Lust hat, die Wanderschuhe zu schnüren, kann das Noor auch einmal umrunden. Hierfür parken wir das Wohnmobil auf dem kleinen, wenig besuchten Wanderparkplatz »Am Noor« und gehen zunächst auf einem schmalen Pfad entlang der Südseite des Binnensees. An einem kleinen Sandstrand blicken wir auf den »weißen Stein«, einen fast 50 Tonnen schweren Findling, der einst aus dem heutigen Südschweden hierhergeschoben wurde. Der Weg führt nun weg vom See und entlang eines Feldes. Dann biegen wir nach links in eine herrliche Allee mit hohen alten Schwarzpappeln ein – wir laufen nun oberhalb der Nordseite des Noors und auf der Trasse einer alten Kleinbahn, die 1954 eingestellt und durch Linienbusse ersetzt wurde. Auf einem breiteren Weg, gesäumt von Schrebergärten, laufen wir zurück in Richtung Eckernförde. Nun haben wir zwei Möglichkeiten: Entweder laufen wir in den Ort hinein und schauen uns die schöne Altstadt und den Hafen an oder wir tangieren Eckernförde nur und gehen direkt zurück zum Parkplatz. Die Runde

Fisch mit Liebesschlössern am Stadtstrand von Eckernförde

Inneres eines rekonstruierten Hauses im Wikinger Museum Haithabu

ohne Eckernförde beläuft sich auf 10,1 Kilometer bei 40 Höhenmetern, mit der Altstadt und dem Hafen von Eckernförde sind es 11,6 Kilometer. Die Wanderung ist mit »1« oder »2« und einem grünen Pfeil durchgehend gut ausgeschildert. Viele interessante Infotafeln bereichern den Weg.

AUF DEM WEG NACH SCHLESWIG

Von Eckernförde fahren wir 20 Kilometer weit gen Westen über die B 76 bis zu einem sehr empfehlenswerten Zwischenstopp: dem **Wikinger Museum Haithabu**, das aus einem Museum und einem Freilichtmuseum besteht. Beide sind etwa 800 Meter voneinander entfernt, der Weg vom Museum zum Freilichtbereich führt über eine Schafskoppel mit Schafarten aus der Wikingerzeit, die erstaunlich zahm sind. Haithabu ist eines der bedeutendsten archäologischen Museen Deutschlands. Das Museum ist in modernen Ausstellungsräumen untergebracht und auf dem historischen Gelände kann man sieben rekonstruierte Häuser besichtigen – alles ist sehr modern und spannend aufgebaut. In den rekonstruierten Häusern können die Besucher Einblick in die Lebensverhältnisse der Bewohner vor etwa 1000 Jahren erhalten. Originalfunde im Ausstellungshaus, Filme über die Wikinger und interaktive Präsentationen vervollständigen das Angebot, ebenso Führungen, Vorführungen (beispielsweise Bierbrauen), Lesungen und Vorträge.
Nach diesem beeindruckenden geschichtlichen Zwischenstopp nehmen wir endgültig Kurs auf Schleswig. Hierzu folgen wir zunächst weiter der B 76, biegen dann aber Richtung Norden auf die Straße Gottorfer Damm ab und erreichen damit bereits die Stadt **Schleswig**. Beim Überfahren des Damms sehen wir zu unserer Linken eine Insel – es ist die **Museumsinsel Schloss Gottorf**. Tief dringen wir hier in die Geschichte Schleswig-Holsteins ein, denn das

Im Schloss Gottorf sind das Museum für Archäologie und das Museum für Kunst und Kulturgeschichte untergebracht.

Museum beherbergt archäologische Schätze und Kunstwerke. Außerdem besaß das Schloss einige Vorläuferbauten, die erste Erwähnung datiert auf das Jahr 1160. In den vergangenen 800 Jahren wurde das Schloss mehrfach umgebaut und erweitert und verwandelte sich in dieser Zeit von einer mittelalterlichen Burg über eine Renaissance-Festung hin zu einem Barockschloss. Das **Museum für Kunst und Kulturgeschichte** im Schloss Gottorf zeigt Kunst im Rahmen von Sonderausstellungen.

Wikinger Museum Haithabu
B76 6 km
Gottorfer Damm
Schleswig
Schloss Gottorf
Stadthafen
B76 Fischersiedlung Holm
76 km
Fahrt entlang der Schlei
Bohnert an der Schlei

Die Stadt Schleswig liegt am westlichen Ende des lang gezogenen Ostseefjords Schlei. Schleswig ist ehemalige Hauptstadt des Herzogtums Schleswig und gilt als Justizhauptstadt des Bundeslandes, weil das Landesverfassungsgericht und weitere Gerichte und Justizeinrichtungen ihren Sitz in der Stadt haben. Wir nähern uns der Nordseite der Bucht, dem Schleswiger **Stadthafen**, an dessen Promenade es viele Lokale gibt, um etwas zu essen oder zu trinken und den Blick auf den Hafen zu genießen. Praktischerweise befindet sich der Wohnmobilstellplatz am Schleswiger Stadthafen in unmittelbarer Nähe. Wer mag, unternimmt einen Hafenspaziergang, den man auch gut mit einem Bummel durch die angrenzende Altstadt verbinden kann. Außerdem kann man fangfrischen Fisch vom Kutter kaufen. Die **Schleswiger Hafenrundfahrten** starten mit Schifffahrten auf der Schlei ebenfalls am Stadthafen.

Weithin sichtbar ist der **St.-Petri-Dom**, der wegen des hoch aufragenden Turms und der imposanten Architektur zu den bedeutendsten Baudenkmälern Schleswig-Holsteins zählt. Auch das Schleswiger Rathaus befindet sich in der Altstadt – es wurde im 18. Jahrhundert im klassizistischen Stil neu erbaut. Östlich des Doms kann man die alte idyllische **Fischersiedlung Holm** erkunden. »Holm« stammt aus dem Dänischen und heißt »kleine Insel«. Die im Jahr 1000 entstandene Fischersiedlung war bis zum 20. Jahrhundert durch den See Holmer Noor vom Festland getrennt. Heute ist es ein Stadtteil Schleswigs und mit dem Festland verbunden. Mitten in der Siedlung befindet sich ein kleiner Friedhof mit Kapelle, um den herum sich Fischerhäuschen gruppieren. Westlich des Stadthafens und der Altstadt kann man eine Auszeit im 16 Hektar großen **Stadtpark Königswiesen** genießen. Neben einer großen Grünfläche gibt es einen Wikinger-Spielplatz sowie einen Hundestrand und mit dem Luisenbad findet man eine öffentliche Badestelle.

DEN OSTSEEFJORD ENTLANG

Wir wollen uns nun auf den Weg machen, um den **Ostseefjord Schlei** auf seiner ganzen Länge kennenzulernen. Hier gilt mehr denn je das Motto: »Der Weg ist das Ziel.« Durch Wiesen und vorbei an kleinen Orten mit Häfen und reetgedeckten Häusern und an Badebuchten führt uns der Weg entlang des ehemaligen Schifffahrtsweges der alten Wikinger. Der Ostseefjord ist Mittelpunkt des 50 000 Hektar großen **Naturparks Schlei**. Zahlreiche Pflanzenarten gedeihen hier und etliche Tierarten fühlen sich in der Landschaft rund um den Meeresarm Schlei wohl. Zur Orientierung werden im Folgenden ein paar Wegpunkte und Campingplätze entlang des Fjords beschrieben. Hieran kann man sich entlanghangeln und unterwegs immer mal wieder wandern, Rad fahren, sich an heißen Tagen abkühlen und die Natur

Eine Fahrt an der Schlei entlang ist ein Genuss!

genießen. Ein erster Übernachtungsstützpunkt könnte der Campingplatz Wees sein, ein schön und ruhig gelegener, eher kleiner Platz, von dem aus Ausflüge und Aktivitäten in beide Richtungen der Schlei möglich sind. So kann man von hier aus zum Beispiel die 30 Kilometer lange Radrunde Missunde–Rieseby unternehmen, die einen umfassenden Überblick über die Schlei-Region verschafft. Das erste große Abenteuer ist hierbei das Überqueren der Schlei mit Fähre, die mit einer alten Seilwinde betrieben wird. Über Brodersby radelt man nach Goltoft und zum hübschen Bauerngarten Chalupka. Wer eine Einkehr einlegen möchte, kann dies in Ulsnis im Café Krog tun. Der Radweg führt weiter nach Gunneby, Dallacker und dann über einen Feldweg bis zur Schlei-Marina. Weitere Wegpunkte sind die malerische Mühle Lindaumühlenholz, der Obsthof Strubbe, die Mühle Anna in Rieseby und schließlich eine schöne Allee. Als Orientierung dient hier die Ausschilderung nach Missunde und so gelangt man wieder zurück zum Campingplatz. Die ganze Runde dauert etwa zwei Stunden und in einem stetigen Auf und Ab sind 200 Höhenmeter zu bewältigen.

Wenn wir auf der östlichen Seite der Schlei bleiben, erreichen wir über einen Schlenker nach Südosten die hübsche Mini-Ortschaft **Bohnert** inmitten der Natur und ein paar Kilometer weiter die Marina Hülsen. Dort gibt es ein Hafencafé am Jachthafen und ein paar Schritte entfernt Badestellen mit Liegewiesen. Etwas abseits des Fjords ist die erwähnte **Mühle Anna** in Rieseby einen Besuch wert; es ist eine schön restaurierte Mühle, zu der auch ein liebevoll gestaltetes Heimatmuseum mit einer alten Sägerei, einem Göpelschuppen und einer Wagenremise gehört. Das Museum der Mühle ist samstags und sonntags von 14 bis 17 Uhr geöffnet.

Nicht versäumen sollte man einen Besuch des schnuckeligen Ortes **Sieseby** an der östlichen Fjordseite. Sieseby wird oft die weiße

Jachthafen an der Schlei-Marina Hülsen

Tipp

ATELIER IM MÜHLENHAUS

Direkt neben der Mühle Anna befindet sich das Atelier im Mühlenhaus, ein kleines charmantes Künstleratelier in einem Fachwerkhaus, in dem Heidi und Holli Schröder sowohl ihre eigene Kunst als auch wechselnde Ausstellungen anderer Künstler zeigen. Im Sommer kann man im Ateliergarten am Gartenteich die friedvolle Stimmung genießen. Es gibt auch einen Shop mit Deko-Artikeln, Tees, Likören und feinen Süßigkeiten (muehle-anna.de).

Traumhaft schöner Ort
Sieseby

Schönheit oder weißes Juwel an der Schlei genannt – und diese Bezeichnung wird der Wirklichkeit immer noch nicht gerecht. Grundstücke mit hübschen reetgedeckten, weiß getünchten Häusern werden von Heckenrosen eingerahmt und bieten einen äußerst malerischen Anblick. Das Dorf ist über einen Abzweig von der B 203 erreichbar. Gleich nach dem Abzweig und noch vor dem Ortsschild kann man rechter Hand das Wohnmobil kostenlos auf einem großen Parkplatz abstellen. Von hier aus geht man ein Stück bis zum Ortsanfang und dann links über die Dorfstraße in den Ort hinein. Zu den ältesten Gebäuden zählt eine Feldsteinkirche aus dem 12. Jahrhundert – sie liegt ganz versteckt und ist von hohen Bäumen umgeben. Ein Pilgerpfad führt über den verwunschenen Friedhof. Im einzigen Laden des Ortes, in der Galerie Kunsthuset, kann man Handwerkskunst erwerben. Für die Einkehr stehen ein Landgasthaus mit deftig-herzhafter Küche und das Gasthaus Schlie-Krog mit regionalen Spezialitäten zur Verfügung. Der gesamte Ort steht unter Denkmalschutz. Um zum schönen **Strandbad Schneiderhaken** zu gelangen, wechseln wir südwestlich von Sieseby über die Lindaunisbrücke die Fjordseite. Die Klappbrücke öffnet sich viermal am Tag. Dabei kommen wir auch am Campingplatz Lindaunis vorbei, wo wir einen Stopp einlegen können, um den mittleren Bereich der Schlei besser kennenzulernen. Das Strandbad Schneiderhaken hat einen tollen Badestrand – es ist außerdem der perfekte Ort, um auf die Schlei zu blicken und den Segelschiffen zuzusehen. Am besten ist es, gegen Abend zu kommen, dann ist es nicht mehr

- **Bohnert an der Schlei**
- **Mühle Anna**
- **Strandbad Schneiderhaken**
- **Schlei-Marina-Lindauhof**
- **Sieseby**
- **Arnis**
- **Kappeln**

Mit 300 Einwohnern ist Arnis die kleinste Stadt Deutschlands.

so voll. Hunde sind erlaubt.
Nur zwei Kilometer mit dem Wohnmobil sind es zur **Schlei-Marina-Lindauhof** am Lindauer Noor. Dort gibt es neben fünf Wohnmobilstellplätzen und Bootsliegeplätzen eine Tretbootvermietung und man kann in Gonzo's Biergarten einkehren. In der Gaststätte findet man auch die Ansprechpartner für die Stellplätze und die Tretbootvermietung.
Mit **Arnis**, das nur etwa 300 Einwohner zählt, erreichen wir schließlich die – gemessen an Einwohnerzahl und Fläche – kleinste Stadt Deutschlands. Sie liegt auf einer Halbinsel der Schlei auf einem lange Zeit unbewohnten Gebiet. Im 17. Jahrhundert zogen dann 65 Familien aus dem nahen Kappeln dorthin. 1667 wurde Arnis gegründet und 1934 offiziell zur Stadt erklärt. Sie umfasst sieben Straßen auf nicht einmal einem halben Quadratkilometer Fläche. Die Ministadt versprüht norddeutschen Charme und es lohnt sich, einmal hindurchzuschlendern und die friedvolle Stimmung zu spüren. Am Ortseingang befindet sich ein großer Parkplatz. Mit einer kleinen Fähre gelangt man auf die andere Seite, auch Campingbusse können transportiert werden.

Tipp

URIGE EINKEHR

In Boren, drei Kilometer nordöstlich der Schlei-Marina-Lindauhof, kann man in der »Schlei Kate« in tollem Ambiente schön und lecker essen. Schon von außen ist das Fachwerkgebäude mit dem reetgedeckten Dach ein Hingucker – aber auch die Inneneinrichtung ist ein architektonisches Highlight. Die kleine, feine Speisekarte bietet alles, was man sucht, auch für Vegetarier und Veganer. Der Service ist herzlich (schleikate.de).

KAPPELN UND SCHLEIMÜNDE

Höhepunkt und zugleich Ende der Schlei-Rundfahrt ist **Kappeln**, ein Ferienort am nördlichen Ende der Schlei, der auch an die Ostsee grenzt. Hier schleicht sich maritimes Flair in ein städtisches Umfeld und es gibt allerhand zu sehen und zu erleben. Südlich vom Stadtzentrum befindet sich die **Schleibrücke** – eine zweiflügelige Doppel-Klappbrücke, die tagsüber stündlich geöffnet wird. Der alte Handelsplatz und Fischerort Kappeln ist höchst sehenswert mit einem Hafen, gesäumt von liebevoll instand gehaltenen alten Gebäuden, und mehreren Sportboothäfen. Bis 2006 waren Marineeinheiten im Stadtteil Olpenitz stationiert und so war Kappeln bis dahin Garnisonsstadt.
Die **Holländermühle Amanda** ist mit einer Höhe von 32 Metern die höchste Windmühle Schleswig-Holsteins. Von ihrer öffentlich zugänglichen Galerie hat man einen guten Rundumblick über Kappeln und die gesamte Umgebung. Direkt nebenan kann man das **Historische Sägewerk** aus dem Jahr 1900 betrachten. Es wurde durch die Mühle angetrieben und die alten Maschinen werden sogar heute noch benutzt.
Eine auf den ersten Blick unscheinbare Attraktion der Stadt ist der sogenannte **Heringszaun** aus dem 15. Jahrhundert; es ist der letzte seiner Art in ganz Europa. Dabei handelt es sich um einen Flechtzaun, der heute aus insgesamt 2000 in den Grund der Schlei gerammten Pfählen besteht und die Form eines W besitzt. Für die Heringe ist das ein natürliches Hindernis – da die Schlei eine starke Strömung aufweist, kehren die Heringe trotz des Hindernisses nicht um und folgen immer weiter dem enger zulaufenden Heringszaun, bis sie nicht mehr ausweichen können und abgefischt werden.
Der Geschichte der Stadt und ihrer Vergan-

↓ Rathausplatz von Kappeln mit der St. Nikolai-Kirche ↘ Museumshafen von Kappeln

genheit als Fischerort widmet sich der **Museumshafen**, weithin erkennbar an den hoch aufragenden Holzmasten – dieser Anblick verleiht der Stadt ihr maritimes Flair. Ehemalige Fracht- und Fischereifahrzeuge werden hier präsentiert, ebenso alte Eisenbahnwaggons und antike Fahrkartenhäuschen. Eine schöne Möglichkeit ist es, die Gegend mit der **Angelner Dampfeisenbahn** zu erkunden. Sie stammt aus einer Zeit, als auf der Trasse zwischen Schleswig und Kappeln reger Personennahverkehr und Güterverkehr herrschte. Heute tuckert die Bahn für die Touristen dampfend durch die schöne Landschaft an der Schlei.
Nun wollen wir uns noch ein wenig dem Thema Wasser widmen. Badevergnügen in Kappeln findet man am zwei Kilometer langen **Weidefelder Strand** – er bietet alles, was man für einen Tag am Meer braucht: Strandkörbe, Spielplatz, Volleyballfelder, FKK-Bereich und Hundestrand. Zwei Zugänge und zwei Toiletten, Überwachung durch die DLRG und Kinderanimation vervollständigen das Angebot.

Wie auf dem Mississippi: Ausflugsfahrten mit dem Raddampfer

Tipp

MISSISSIPPI-FEELING

Ein besonderes Erlebnis ist es, die Schlei von Kappeln aus an Bord des Raddampfers »Schlei Princess« oder mit dem Ausflugsschiff »Nordlicht« zu erleben. Man kann jederzeit von Bord gehen und wieder zusteigen – wer noch nicht den schönen Ort Sieseby besucht hat, kann das bei dieser Gelegenheit tun. Die Fahrten gehen bis nach Schleswig, also ans andere Ende der Schlei. Informationen, Fahrpläne und Preise findet man unter schleiraddampfer.de.

Irgendwann muss die Schlei ja auch mal in die Ostsee münden und das tut sie an der **Lotseninsel Schleimünde** östlich des Zentrums von Kappeln. Markantestes Bauwerk ist der grün-weiß gestreifte Leuchtturm, der den Weg vom Meer in die Schlei weist. Außerdem findet man hier einen kleinen Hafen für Sportboote, einen Wasserwanderplatz für Kanuten und die besondere kleine Gaststätte namens Giftbude – wir haben sie ausprobiert und leben noch! Es gibt zünftiges Essen zu vernünftigen Preisen, man kann aber auch bei einem Kaffee oder kühlen Bier die friedvolle Stimmung genießen. Denn die besondere Landschaft rund um die Schleimünde ist Naturschutzgebiet und so ist die Lotseninsel ein wahres Naturjuwel. Für einen Aufenthalt auf der Insel für ein paar Stunden eignet sich vor allem die Anfahrt auf einem Ausflugsboot vom nahen Hafen Maasholm aus.
Nördlich der Schleimündung lockt der **Kronsgaard Strand**, ein riesiger, sauberer Sandstrand mit klarem Wasser – ein bisschen Karibikfeeling gefällig? Wir machen Station auf dem Campingplatz Seehof, an dessen nördlichem Ende der **Leuchtturm Falshöft** wacht. Von diesem Standort aus

Abendstimmung beim Leuchtturm Falshöft

erkunden wir die Geltinger Bucht. Im Naturschutzgebiet **Geltinger Birk** gibt es eine einzigartige Vogelwelt, es heißt, dass man fast täglich die Chance habe, einen Seeadler zu sichten – was wir leider nicht bestätigen können. Wildpferde und Galloway-Rinder sorgen an diesem idyllischen Fleckchen Erde für die Landschaftspflege. Es finden regelmäßig Landschaftsführungen statt, zu denen man sich hier anmelden kann: geltinger-birk.de/birk-erleben.

Die Naturtour geht nun zu Ende und wir nehmen Kurs auf Flensburg, den letzten Anlaufpunkt dieser Route. Wir verlassen Kappeln in westliche Richtung über die B 201, biegen jedoch in Böklund auf die Flensburger Straße gen Norden ab. Knapp 21 Kilometer nach diesem Abzweig machen wir einen geschichtlichen Zwischenstopp am **Arnkiel-Park**. Diese kostenlos zugängliche, archäologische Freilichtanlage befindet sich in

WANDERUNG

INS GELTINGER BIRK

Vom Campingplatz Seehof aus kann man eine naturnahe Wanderung (11,4 Kilometer, 30 Höhenmeter) unternehmen, bei der man hauptsächlich auf dem Damm entlanggeht. Zwei Schafskoppeln und eine Ziegenkoppel querend, genießt man viele schöne Ausblicke. Es sind mehrere Aussichtsplattformen vorhanden und auch eine Vogelbeobachtungsstation des NABU. Im Westen passiert man einen Parkplatz mit Kiosk (bis 22 Uhr geöffnet). Die Runde startet in Richtung Nordwesten, führt durch den Ort Nieby und weiter hinein in das Naturschutzgebiet Geltinger Birk. Der Weg verläuft nun immer nahe dem Ufer, umrundet die Spitze der Landzunge und führt am Meer entlang zurück zum Campingplatz.

Kappeln
Heringszaun
Schleibrücke
Holländermühle mit Sägewerk
B201 Museumshafen

21 km

Arnkiel-Park

B76 10 km

Flensburg
nördlichste Stadt Deutschlands
schmucke, historische Altstadt
Hafen
Kapitänsweg
Museumsberg
Strandbäder

Munkwolstrup, einem Ortsteil der Gemeinde Oeversee. Mittelpunkt der Anlage ist eines der wichtigsten Großsteingräber aus der Zeit vor etwa 5000 Jahren. Um dieses und um ein restauriertes Langgrab herum ist der Arnkiel-Park entstanden. Auf einer leicht hügeligen Fläche von 2,5 Hektar befinden sich Gräber; in einem Info-Pavillon am großen Parkplatz erfährt man alles über die geschichtlichen Hintergründe. Neben den historischen Eindrücken kann man den Park auch nutzen, um entspannt spazieren zu gehen. Von April bis Oktober finden immer am letzten Samstag im Monat Führungen statt.

IN DER NÖRDLICHSTEN STADT DEUTSCHLANDS

Nach der kulturhistorischen Auszeit rollen wir nur acht Kilometer weiter in der Stadt **Flensburg** ein. Die nach Kiel und Lübeck drittgrößte Stadt Schleswig-Holsteins ist zugleich die nördlichste Stadt Deutschlands. Sie liegt an der Flensburger Förde, dem langen Nebenarm der Ostsee, inmitten einer schönen Landschaft und ist umgeben von Buchenwäldern, Stränden und Wasser. Für schleswig-holsteinische Verhältnisse erweist sich die Stadt als erstaunlich hügelig. Nicht zu übersehen – und zu überhören – ist ihre unmittelbare Nähe zu Dänemark. Flensburg verfügt sogar über eine ganz eigene Sprache: Petuh ist eine Mischsprache aus Hochdeutsch, Plattdeutsch und Dänisch.
In der schmucken **Altstadt** erzählen zahlreiche historische Gebäude und Plätze die Geschichte Flensburgs. Prachtvolle Kaufmanns- und Kapitänshäuser sowie liebevoll restaurierte Höfe sind ein wahrer Augenschmaus. Besonders imposant ist der **Nordermarkt**, der aus der Gründerzeit der Stadt stammt. Die Marienkirche, der Schrangen (ein denkmalgeschütztes Gebäude aus dem 16. Jahrhundert), der Neptunbrunnen und die Kneipe Porticus 1740 sind hier angesiedelt. Die angrenzende Einkaufsmeile zählt zu den längsten Fußgängerzonen Schleswig-Holsteins.
Die Altstadt beherbergt auch das Wahrzeichen Flensburgs, das **Nordertor**. Erbaut um 1595, bildete es bis 1795 die nördliche Begrenzung der Stadt. Seit 2011 befinden sich im Nordertor Teile der Wissenschaftsausstellung Phänomenta. Schöne Giebelhäuser aus den verschiedenen Epochen zieren den um 1300 angelegten **Südermarkt**. Hier findet auch der Wochenmarkt statt (mittwochs und samstags von 7 bis 13 Uhr). Die Stände verteilen sich um die St.-Nikolai-Kirche, die größte Kirche Flensburgs. Es ist unmöglich, alle historischen und besonders schönen Bauwerke zu beschreiben. Ein Bummel durch die **Rote Straße**, die historische Altstadtgasse mit zahlreichen Handwerker- und Kaufmannshöfen, Galerien, Läden für Kunsthandwerk und lauschigen Weinlokalen und Cafés, gibt einen schönen Einblick in den ganz besonderen Stadtkern.
Wie so oft in Schleswig-Holstein liegen auch in Flensburg Hafen und Altstadt nah beieinander. Tatsächlich befindet sich der **Hafen** sogar inmitten der Altstadt. Flensburg ist eine historische Seefahrer- und Hafenstadt – insofern ist es kein Wunder, dass im Hafenbereich der Museumshafen, die Museumswerft, das Schifffahrtsmuseum und das Dampfschiff »Alexandra« zu Hause sind. Das **Schifffahrtsmuseum** umfasst das alte Zollpackhaus, in dessen Keller einst der unverzollte Rum gelagert wurde und heute das Rum-Museum untergebracht ist. Im **Museumshafen** kann man nicht nur die

↑ Das Renaissanceschloss Glücksburg ist ein Märchenschloss! ↓ Für einen Bummel durch die Flensburger Altstadt sollte man sich Zeit nehmen.

↑ Das Dampfschiff Alexandra gilt als das maritime Wahrzeichen der Stadt Flensburg.

↓ Das Braasch Rum Museum ist ein Ausflugsziel mit Verkostung, Laden und Museum.

klassischen Segeljachten und alte Kutter betrachten, sondern auch den Werftkran, eine Nachbildung des historischen »Krahns« von 1726, mit dessen Hilfe beispielsweise Masten gesetzt wurden.
Museumshafen und Schifffahrtsmuseum sind zwei von 14 Stationen auf dem empfehlenswerten »Kapitänsweg«. Er ist 4,8 Kilometer lang und mit Schildern ausgestattet, die über interessante Fakten aus früherer Zeit informieren. Ein Kapitän hatte nach Anlegen des Schiffes einiges zu erledigen: Ware verzollen und entladen, das Schiff reparieren, Proviant und Waren für die nächste Fahrt ordern und neue Matrosen anheuern. Im Flensburger Hafen konnte er alles Wichtige auf einem Rundgang erledigen. Und so schickt uns der Weg auf eine kleine Zeitreise, immer den Spuren des Kapitäns folgend. Zum Beispiel kommen wir am Kompagnietor vorbei, wo es eine Schankwirtschaft gab, in der Kapitäne Neuigkeiten austauschten und Matrosen rekrutierten. Im Fischereihafen wiederum gehen die Fischer heute noch ihrem Handwerk nach und hängen Netze und Reusen an den Trockengerüsten auf. Einen Plan zur Wegführung und die Beschreibung der einzelnen Stationen findet man unter ostsee.de/flensburg/kapitaensweg.html.
Schifffahrt ohne Rum ist undenkbar und deshalb wollen wir auch dem **Braasch Rum Museum**, das zugleich eine Manufaktur ist, einen Besuch abstatten. Es befindet sich in der oben genannten Roten Straße in den Braasch-Höfen. Hier erfährt man nicht nur Spannendes über die Herstellung des Schnapses und dass Flensburg die Heimat des Rums ist – es schließt sich auch ein Geschmackstest an, bei dem man mehrere edle Tröpfchen des »flüssigen Goldes« verkosten kann. Es gibt reichlich Informationen über Herkunft, Herstellung und Handel mit dem Rum und man kann unter anderem eine Destillerie- und Abfüllanlage anschauen. Bleiben wir beim Thema Alkohol: Seit dem Auftauchen der trinkfreudigen Comicfigur Werner ist das Bier mit dem Bügelverschluss aus der **Flensburger Brauerei** als »Bölkstoff« bekannt. Davon abgesehen ist die Brauerei die größte Privatbrauerei in Schleswig-Holstein. Gebraut wird mit dem Wasser aus der hauseigenen Gletscherquelle (direkt unter der Brauerei!) und mit heimischer Küsten-Gerste. Wer die legendäre Brauerei kennenlernen möchte, kann dies im Rahmen einer Führung tun. Dann gibt es neben einem Film und der Besichtigung der Gär-, Filter- und Lagerkeller sowie der auf Flaschen mit Bügelverschluss spezialisierten Abfüllanlagen ein kühles »Flens«, serviert mit kulinarischen Köstlichkeiten.

KULTUR

MUSEUMSBERG FLENSBURG

Highlight der Flensburger Museumslandschaft ist der Museumsberg, der zwei Gebäude inmitten eines Parks umfasst und zu den größten Museen des Bundeslandes zählt. Gemeinsam bieten die Häuser einen ausgiebigen Einblick in alle Bereiche der Kunst- und Kulturgeschichte im Landesteil Schleswig. Exponate im Heinrich-Sauermann-Haus sind Möbel, kirchliche Kunstwerke und kunstgewerbliche Gegenstände. Bauernstuben aus dem 17. und 18. Jahrhundert wurden so in das Museum integriert, dass ihr originaler Raumcharakter erhalten blieb. Auch das interaktiv aufgebaute Naturwissenschaftliche Museum befindet sich in diesem Teil des Museums. Das Hans-Christiansen-Haus beherbergt eine Gemäldegalerie mit regionalen Werken aus dem 19. und 20. Jahrhundert.

Alles über Schiffe, Rum, Zucker und die Geschichte von Flensburg erfährt man im Schifffahrtsmuseum.

Trotz der Lage hoch im Norden hat Flensburg auch Badespaß zu bieten – die **Strandbäder** Ostseebad an der westlichen Seite des Fjords und Solitüde an der östlichen (mit Strandpavillon inklusive Bistro und DLRG-überwacht) sind flach abfallende Sandstrände mit einer guten Wasserqualität. **Solitüde** nennt man aber auch das kleine Gebiet aus Waldflächen, Steilhängen und Strand nordöstlich von Flensburg.

ABSTECHER NACH GLÜCKSBURG

Unweit von Flensburg bildet das **Schloss Glücksburg** den Abschluss einer sehr abwechslungsreichen Route. Nur elf Kilometer fahren wir auf der L 249 in Richtung Nordosten zu dem märchenhaft schönen Wasserschloss, das zwischen 1582 und 1587 auf dem Gelände eines ehemaligen Rudeklosters erbaut wurde. Das Schloss zählt zu den bedeutendsten Renaissanceschlössern Nordeuropas – und gilt sogar als Wiege der europäischen Königshäuser. Einst residierte der Hochadel darin. Seit 1925 ist das Schloss der Öffentlichkeit zugänglich; kunsthistorische Schätze und prachtvolle Räume faszinieren die Besucher. Auch das ehemalige Gefängnis, die Küche und die alten Vorratsräume können besichtigt werden. Noch intensiver ist der Besuch im Rahmen einer Führung – dann erfährt man eine Menge über Architektur, Geschichte und Traditionen, das Ganze ist natürlich garniert mit Anekdoten. Es gibt reguläre Führungen und besondere Themenführungen. Um den See und das Schloss herum führt ein schöner, 1,5 Kilometer langer Spazierweg mit Einkehrmöglichkeit direkt beim Schloss.

Wenden wir uns noch ein bisschen weiter gen Norden, erreichen wir die **Halbinsel Holnis**, ein NABU-Naturschutzgebiet. Neben einer reichen Vogelwelt und einer unberührten Landschaft bieten sich wundervolle Blicke auf die Küste Dänemarks. Die Steilküste Holnis-Kliff, Holnis' Spitze und auch der lange Sandstrand sind besondere Attraktionen der Halbinsel. Mehrere Rundwege in unterschiedlichen Längen erschließen das traumhaft schöne Gebiet. Der Campingplatz Ostseecamp Glücksburg ist ein idealer Ausgangspunkt für diese Touren.

PRAKTISCHE HINWEISE

TOURISTINFORMATIONEN

Eckernförde Touristik und Marketing GmbH
Am Exer 1, 24340 Eckernförde, Tel. 04351/71790, ostseebad-eckernfoerde.de

Touristinformation Schleswig
Plessenstr. 7, 24837 Schleswig, Tel. 04621/85 00 56, ostseefjordschlei.de

Touristinformation Kappeln
Schleswiger Str. 1, 24376 Kappeln, Tel. 04642/40 27, ostseefjordschlei.de

Touristinformation Flensburg
Nikolaistr. 8, 24937 Flensburg, Tel. 0461/909 09 20, flensburger-foerde.de

Zentraler Stellplatz am Schleswiger Stadthafen

KARTEN

KOMPASS Wanderkarte 714: Kiel, Rendsburg, Schleswig 1:50 000. 4in1 Wanderkarte mit Aktiv Guide und Detailkarten.

Freytag-Berndt und ARTARIA: Schlei, Schleswig – Kappeln – Angeln – Schwansen. Rad- und Wanderkarte mit Ausflugszielen, Einkehr- & Freizeittipps 1:50 000.

CAMPING- UND STELLPLÄTZE

S 400 **Wohnmobilpark Ostsee** (S. 202 D2)
B 76, Grüner Jäger 1, 24340 Altenhof, Tel. 04351/414 04, gruenerjaeger-altenhof.de/womo-park
GPS: 54.44438, 9.90815
Zentrumsnaher Platz auf Wiesenuntergrund in der Natur – das vier Kilometer entfernte Eckernförde ist durch den Wald schnell mit dem Fahrrad erreichbar. Zum Badestrand an der Ostsee sind es 800 Meter. Brötchen- und Zeitungsservice und Frühstück werden angeboten. Auf dem Platz gibt es eine Gaststätte mit sehr leckerem Essen. Nicht parzellierte Plätze. Freie Platzwahl mit Strom, Ver- und Entsorgung.

S 401 **Wohnmobilstellplatz am Schleswiger Stadthafen** (S. 202 C1)
Am Hafen 5, 24837 Schleswig, Tel. 04621/80 14 50, womoplatz-schleswig.de
GPS: 54.511714, 9.568054
Zentrumsnah und direkt am Wasser befindet sich dieser gepflegte Stellplatz mit geräumigen Plätzen auf asphaltiertem beziehungsweise geschottertem Untergrund. Mehrere Stellplätze direkt am Wasser. Gute Ausstattung mit Strom, Wasser, Ver- und Entsorgung sowie Duschen (auf Pfandsystembasis) und sogar Waschmaschine und Trockner. Große, saubere Sanitäranlagen. Frische Brötchen gibt's beim Bäcker nebenan.

C 402 Campingplatz Wees am Ostseefjord Schlei
(S. 202 D1)
An de Wees 16, 24354 Missunde an der Schlei, Tel. 04354/984 30, camping-schlei.de
GPS: 54.523056, 9.723889
Ruhig und in der Natur gelegener Campingplatz auf einer Halbinsel, terrassiert angelegt, dadurch von den meisten Plätzen aus Blick auf die Schlei. Saubere sanitäre Anlagen, umfangreich ausgestatteter kleiner Laden, Brötchenservice. Münzbetriebene Duschen, Waschmaschine und Trockner vorhanden. Guter Ausgangspunkt für Fahrradtouren, zum Beispiel nach Eckernförde (eigener Fahrradverleih des Platzes). Grillen ist erlaubt, im Campingshop kann man sogar das Grillfleisch erwerben. WLAN nur im Rezeptionsbereich und zeitlich begrenzt verfügbar.

C 403 Campingplatz Lindaunis (S. 200 C5)
Schleistr. 1, 24392 Lindaunis, Tel. 04641/73 17, camping-lindaunis.de
GPS: 54.587038, 9.814442
Sehr ruhiger und schöner Campingplatz an der Schlei und der Lindaunisbrücke. Mit Restaurant (leckere Speisen) am Platz und auch kleinem Einkaufsladen mit dem Nötigsten für den täglichen Bedarf. Außerdem Brötchenservice. Es gibt eine separate Wiese für Bullis, die meisten Plätze liegen direkt am Wasser. Saubere Sanitärgebäude, Waschmaschine und Trockner vorhanden. Slipanlage für Boote. Gebührenpflichtiges WLAN. Boot-, Kanu- und Fahrradverleih am Platz.

S 404 Wohnmobilstellplatz Kappeln Nordhafen
(S. 200 D4)
Ziegeleiweg 2, 24376 Kappeln, Tel. 04642/15 63, ancker-yachting.de/wohnmobile
GPS: 54.66798, 9.936962
Am Ende des Kappelner

Der Campingplatz Wees ist ein guter Ausgangspunkt für Fahrten an der Schlei entlang.

Tolle Strandlage bietet der Platz Ostseecamp Glücksburg.

Nordhafens liegt dieser Stellplatz auf befestigtem Untergrund und direkt an der Schlei. Ver- und Entsorgung sowie Strom vorhanden, die Sanitäranlagen der Marina stehen zur Verfügung (hierfür sind Servicekarten notwendig). Neben dem Platz befindet sich ein Rastplatz mit Schwimmsteg. Die Ortsmitte von Kappeln ist in wenigen Gehminuten erreichbar, ebenso Einkaufsmöglichkeiten.

C 405 **Campingplatz Seehof** (S. 200 D4)
Gammeldamm 5, 24395 Pommerby, Tel. 04643/693, camping-seehof.de
GPS: 54.76569, 9.96771
Kleiner, sehr familiärer Platz am Leuchtturm Falshöft inmitten der Natur, direkt an der Ostsee mit schönem Naturstrand (von den Urlauberplätzen in wenigen Gehminuten erreichbar) und nahe dem Naturschutzgebiet Geltinger Birk. Bei klarer Sicht kann man die dänischen Inseln Alsen und Ærø erkennen. Der Platz verfügt über einen Kiosk, in dem es Selbstgemachtes, Brötchen und das Nötigste für den täglichen Bedarf gibt. Ganz neu auch mit Café, das hausgemachten Kuchen anbietet. Waschmaschine, Trockner, Ver- und Entsorgung, Gasflaschen-Tausch, WLAN (kostenpflichtig) und Strom vorhanden.

C 406 **Ostseecamp Glücksburg** (S. 200 B3)
An der Promenade 1, 24960 Glücksburg, Tel. 04631/62 20 71, ostseecamp-holnis.de
GPS: 54.857309, 9.590944
Über die Uferstraße sind es knapp 15 Kilometer von der Innenstadt Flensburg zu diesem sehr großen Platz. Damit ist er für die Stadtbesichtigung geeignet, zumal die Plätze in der Stadt wenig attraktiv sind. Günstig gelegen ist der Platz auch für den Besuch des Schlosses Glücksburg. Er liegt auf der Halbinsel Holnis zwischen der Flensburger Innen- und Außenförde direkt am Meer. Neben einem großen Dauercamper-Bereich gibt es einen Wohnmobilpark mit sehr engen Standard-, etwas größeren Komfort- und großzügigen, parzellierten Komfort-Plus-Plätzen. Eine Entsorgungsstation ist vorhanden, überdies ein Strandcafé. Sonntagmorgens wird zur Ertüchtigung Yoga angeboten. Vom Campingplatz kann man sehr schöne Rundwanderungen um die Halbinsel Holnis starten. Kostenloses, aber nicht gut funktionierendes WLAN.

Auch ein Wohnmobil kann mit dem Autoreisezug nach Sylt transportiert werden.

5

STRAND, WIND, WELLEN UND MEER

Deutschlands wilde Nordseeküste

Das Wattenmeer, seit 2009 UNESCO-Weltnaturerbe, liegt im Zentrum dieser Route. Hier herrschen oft Wind und dunkle Wolken und oft ist der Seegang stark. Man sieht die Halligen vor Deutschlands nördlichstem Küstenabschnitt, die kleinen Marschinseln, die bei Sturmfluten überschwemmt werden können. Seehunde, rot-weiß geringelte Leuchttürme, Fischerboote und trubelige Hafenstädte – das ist es, was man mit diesem einzigartigen, rauen und wilden Landstrich verbindet.

Die beliebte Insel Sylt, nördlichste Insel Deutschlands, und die Küstenorte Niebüll, Dagebüll, Husum, Nordstrand, St. Peter-Ording und Tönning stehen auf dem Programm. Auch wenn wir uns dauerhaft an der Küste bewegen, bleiben die vorgelagerten Inseln Amrum, Föhr, Pellworm und die Hochseeinsel Helgoland außen vor. Ist eine der Inseln von einem Ort aus gut per Personenfähre erreichbar, wird an der Stelle natürlich darauf hingewiesen und die jeweilige Insel kurz skizziert. Doch da ein Transport des Wohnmobils auf die Inseln meist nicht oder nur schwierig möglich ist, konzentriert sich diese Route auf die wunderschöne Nordseeküste und sieht Tagesausflüge auf die Inseln vor.

ES GEHT AN DIE NORDSEE!

Niebüll ist der Startpunkt unserer Nordsee-Küstentour. Der Luftkurort ist von friesischer und dänischer Kultur geprägt, fungiert aber vor allem als Verkehrs- und Tourismus-Drehscheibe, nicht zuletzt, weil hier der Autoreisezug nach Westerland auf Sylt startet (siehe »Reiseinfos von A bis Z«: Sylt per Autozug). Niebüll hat aber auch ein bisschen mehr zu bieten und wird dem eigenen Motto »schön. weit. oben.« mit nordfriesischem

ROUTE 5

START- UND ENDPUNKT
Niebüll und Tönning

STRECKENLÄNGE
145 km

FAHRZEIT
10 bis 12 Tage

BESTE JAHRESZEIT
Mai bis September

Start
Niebüll
Zugfahrt
Sylt

Am Lister Hafen der Insel Sylt

Charme gerecht. In der verkehrsberuhigten Innenstadt kann man durch die Läden bummeln oder ein Museum besuchen. In Niebüll befindet sich das **Richard-Haizmann-Museum**, ein bedeutendes Museum für moderne Kunst. Das **Naturkundemuseum Niebüll** ist eine Nationalpark-Station mit Informationen über den Nationalpark Wattenmeer und widmet sich in aufwendiger und liebevoller Gestaltung den Phänomenen der regionalen Natur.

Egal, ob als Fußgänger oder mit dem Wohnmobil – von Niebüll aus gelangen wir nach **Sylt** und das wollen wir jetzt tun. Wer nur einen Tag auf der Insel verbringen oder dort zwar übernachten, das Wohnmobil aber auf dem Festland stehen lassen möchte, kann ab Niebüll mit dem Regionalzug der Deutschen Bahn nach Sylt reisen. Wer das Womo mitnehmen will, findet im Kapitel »Reiseinfos von A bis Z« unter den Stichpunkten Sylt per Autozug und Sylt per Fähre Näheres zur Anreise mit dem Wohnmobil.

Wir selbst steigen im Rahmen eines Tagesausflugs in aller Frühe in den Zug nach Westerland, mit dabei das Fahrrad, das dabei

C 502
Wenningstedt (Sylt)
Westerland
Keitum
Morsum
Archsum
Rantum-becken
Rantum (Sylt)
Sylt
Puan Klent
Hörnum (Sylt)
Hindenburgdamm
Markhauser
Friedrich-Wilhelm-Lübke-Koog
Klanxbüll
Neukirchen
Møgeltønder
Sæd
Rudbøl
Aventoft
Ellhöft
Grøndgård
Lydersholm
Rens
Westrefeld
Süderlügum
Bundesgaarder See
Krakebüll
Westre
Ladelund
Horsbüll
Nordergottes-koog
Braderup
Karlum
Südergottes-koog
Tinningstedt
Lecker Au
Achtrup
Südwesthörn
Nationalpark
S 500
Neu-galmsbüll
Niebüll
Deezbüll
Lindholm
Leck
Sprakebüll
Eidumtief
Hörnumtief
Galmsbüllkoog
Risum
Föhr
Ackerum
Dunsum
Oldsum
S 501
Juliane-Marienkoog
Trollebüll
Sande
Enge-
Stadum
Dagebüll-Hafen
Fahretoft
Utersum
Alkersum
Wrixum
Soholmer-Au-Kanal
Witsum
Nieblum
Wyk auf Föhr
Oland
Efkebüll
Soholm
Loheide
Goldelund
Norddorf
Hauke-Haien-Koog
Ockholm
Langenhorn
Norderaue
Hunnenswarf
Stollberg
Dörpum
Högel
Nebel
Mayenswarf
Bandixwarf
Habel
Ebüll
Amrum
Wittdün
Hilligenley
Langeneß
Gröde-Appelland
Bredstedt
Drelsdorf
Süderaue
Hamburger Hallig
Schleswig-Holsteinisches
Bohmstedt
Ipkenswarft
Backenswarft
Hooge
Moorsteert
Ockenswarft
Altendeich
Neuwarft
Arlewatt
Waldhusen
Nordstandischmoor
S 503
Wobbenbüll
Hattstedt
Tammensiel
Horstedt
Pellworm
Norderhafen
Nordstrand
Schmerhörn
Schobüll
Husum
Koog
Westerdeich
Alterkoog
C 504
Pellworm
Süderhafen
Rödemis
Nordstrand
Norderhever
Simonsberg
Platenhorn
Heverstrom
Uelvesbüll
Wattenmeer
Norderheverkoog
Stufhusen
Utholm
Sieversfleth
Friedrich-stadt
Reimersbude
Augusten-koog
Westerhever
Oldenswort
Tümlauer Bucht
Tümlauer Koog
Harblek
Eider
S 505
C 506
Tating
Lunden
Ording
C 508
Garding
Tönning
St. Peter-Ording
Kating
Grothusen-koog
Karolinen-koog
Rehm
Hemme
Vollerwiek
Süder-höft
C 507
Bargen
C 509
Eidersperrwerk
Strübbel
Wesselburener-koog
Schülp
Weddingstedt
Blanken-moor
N
0
5 km

Einsamkeit am Lister Ellenbogen

behilflich sein soll, so viel wie möglich von der beliebten deutschen Insel zu sehen. Eine Übernachtung auf Sylt wäre ebenfalls möglich, sofern das Wohnmobil in der Zeit gut auf einem Stell- oder Campingplatz oder auch einem sicheren Parkplatz auf dem Festland untergebracht ist.

HIGHLIGHT SYLT

Sylt, die nördlichste Insel Deutschlands und zugleich die größte Insel der Nordsee, ist knapp 100 Quadratmeter groß. Die Natur ist beeindruckend und so verwundert es nicht, dass gut die Hälfte unter Landschafts- und Naturschutz steht. Jede Region der Insel hat ihren eigenen Reiz und Charme, von beschaulich über geschichtsträchtig bis trubelig ist alles dabei. Am Strand liegen, Sport treiben, shoppen oder die abgeschiedene Natur suchen – alles ist möglich auf Sylt und das ist wohl der Grund für die Beliebtheit der Insel. Die endlos langen, weißen Sandstrände, das weitgehend unberührte Wattenmeer und die abgeschiedene Heidelandschaft präsentieren Natur pur, während auch Kunst, Kultur, Clubs und Nachtleben den Aufenthalt auf Sylt prägen. Eine vielseitige, abwechslungsreiche Insel erwartet uns also!
Wir starten die Inselerkundung am **Lister Ellenbogen**, dem deutschen Nordkap. Um zu einem der Parkplätze zu gelangen, passieren wir eine Mautstelle (Privatstraße). Der gesamte Ellenbogen ist Vogel- und Naturschutzgebiet. Für viele ist der Nordzipfel Sylts das schönste Fleckchen der ganzen Insel. Wenn man früh morgens da ist, kann man die herrliche Natur noch ganz alleine genießen. Mit einem unspektakulären Schild ist der nördlichste Punkt Deutschlands gekennzeichnet, außerdem wachen die beiden Leuchttürme List-West und List-Ost über das Kap. Vögel und frei laufende Schafe

In List vermittelt das Erlebniszentrum Naturgewalten Sylt die vielfältigen Eindrücke des Meeres.

komplettieren die Naturidylle (Hunde an der Leine führen!). Baden ist am Ellenbogen wegen der starken Strömung verboten.
Im Ort List ist das **Erlebniszentrum Naturgewalten Sylt** unbedingt einen Besuch wert. In einer multimedialen, interaktiven Ausstellung erhält man Einblick in die Welt der Meeresbewohner und in die von der Naturgewalt geprägte Insellandschaft. Anfassen, ausprobieren und erleben, das ist ausdrücklich erwünscht – so bekommen wir beispielsweise die Kräfte der Natur in einem Simulator zu spüren oder können mit einem Rädchen Wanderdünen wandern lassen.
Über die ganze Länge der Insel und an deren Westseite erstreckt sich ein durchgehender, 40 Kilometer langer **Sandstrand**. Hier ist für jeden etwas dabei, sei es für Familien, FKK-Freunde, Sportbegeisterte oder Hunde. Auf der Ostseite der Insel befindet sich das **Wattenmeer**, dem die Insel den Status Weltnaturerbe verdankt. Wer auf Sylt ist, sollte bei Ebbe eine **Wattwanderung** machen. Dabei entdeckt man meist erst auf den zweiten Blick allerhand Lebewesen, die sich im Schlick verbergen. Aber auch Pflanzen wie die Kieselalge oder der Blasentang haben ihren Lebensraum im Watt. In der Touristeninformation erhält man Karten für geführte Wanderungen – auf eigene Faust sollte man auf keinen Fall ins Watt gehen!

Tipp

AUSTERN SPEISEN

Für alle Fans von Austerngerichten ist die Austernstube Sylter Royal (auch bekannt als Bistro Austernmeyer) in List eine absolute Empfehlung. Auch wer in anderen Sylter Gaststätten Austern essen möchte, findet diese unter dem eingetragenen Markennamen »Sylter Royal«. Der Betrieb leitet die einzige Austernzuchtstation Deutschlands, die besichtigt werden kann (sylter-royal.de).

An der schmalsten Stelle der Insel gelangen wir in den Kurort **Kampen**. Am Leuchtturm Langer Christian findet man ein ruhiges Plätzchen mit Wiese, Kühen, Pferden und Meerblick. Der Turm ist noch in Funktion und befindet sich nicht an der Küste, sondern mittig zwischen Ost- und Westküste. In Kampen kann man sowohl lange Strände als auch blühende Heidelandschaft genießen. Auch Kunst und Kultur findet man in Kampen, es gibt wechselnde Ausstellungen, Galerien, den Kunst- und Kulturpfad, aber auch Konzerte und Literaturreihen. Im ganzen Dorf sind unterschiedliche Kunstobjekte zu entdecken. Wer eher auf dem Shopping- als auf dem Kulturtrip ist, findet in Kampen eine exklusive Auswahl an Boutiquen und Einzelhandelsgeschäften.
Nur 300 Meter südöstlich des Roten Kliffs nahe Kampen befindet sich die **Uwe-Düne**, die höchste natürliche Erhebung auf Sylt. Sie misst 52,5 Meter und wurde nach dem Sylter Uwe Jens Lornsen benannt. Eine Holztreppe mit 109 Stufen führt auf eine Aussichtsplattform, wo ein Fernglas den Panoramablick perfekt macht. Man schaut auch hinunter auf

AUSFLUG

REIZVOLLE STEILKÜSTE

Für Fotografen ein Ort zum Austoben, für Romantiker ein Ort zum Genießen ist die Steilküste Rotes Kliff zwischen Kampen und Wenningstedt unterhalb der schmalsten Stelle der Insel. Das beeindruckende Kliff entstand vor 120 000 Jahren infolge von Gletscherablagerungen und diente den Seefahrern über Jahrhunderte als Orientierung. Da ein solches Kliff einzigartig an der gesamten Nordseeküste ist, ist es das Markenzeichen Sylts. Wer die Steilküste ganz besonders schön erleben möchte, sollte zum Sonnenuntergang herkommen.

↓ Den schmucken schwarz-weißen Leuchtturm findet man bei Kampen. ↘ Skulptur der Künstlerin Christel Lechner

↑ Musikmuschel an der Strandpromenade für Open-Air-Veranstaltungen direkt an der Nordsee ↓ Die Reisenden Riesen begrüßen die Besucher am Bahnhof.

den Ort Kampen und manche Bewohner des Ortes sagen, dass man manchmal sogar nach links bis England blicken könne – nach rechts bis Dänemark geht sowieso fast immer.

Weiter Richtung Süden geht es nach **Wenningstedt**, Kurort und Nordseeheilbad, zwischen Westerland und Kampen gelegen. Natur genießen kann man im Naturschutzgebiet **Braderuper Heide**. Die Heidelandschaft grenzt direkt ans Wattenmeer, ein faszinierender Kontrast! Eine Sehenswürdigkeit des beliebten Ortes ist der sogenannte **Denghoog**, ein vor über 5000 Jahren in der Jungsteinzeit errichtetes Ganggrab, das begehbar ist. Um den Dorfbrunnen und Zentrum des Ortes gruppieren sich charmante Gebäude mit Reetdächern. Die Ausläufer des Roten Kliffs reichen bis nach Wenningstedt, darunter befindet sich der Sandstrand des Ortes. Die schicke, sehr gepflegte Strandpromenade ist der lebendige Treffpunkt direkt am Meer – sie ist von Cafés und Restaurants gesäumt, alle natürlich mit Meerblick.

Wir nähern uns **Westerland**, wo die Züge ankommen, die Sylt über den Hindenburgdamm anfahren. Westerland ist die mondäne Inselhauptstadt und zieht viele Besucher an. Gleich bei Ankunft bestaunen wir auf dem Bahnhofsvorplatz die **Reisenden Riesen**, ein sehr umstrittenes Kunstprojekt, das die Intention des Künstlers, zu polarisieren, durchaus erfüllt. Es handelt sich dabei um eine Familie, bestehend aus vier Meter hohen und knallgrünen Figuren; besonders auffällig sind die verdrehten Köpfe und ungleichmäßigen Proportionen. Die auffällige Truppe ist eines der beliebtesten Fotomotive auf Sylt.

Vom Faulenzen am acht Kilometer langen **Sandstrand** über den Bummel durch die Fußgängerzone und entlang der sechs Kilometer langen Kurpromenade – auf der das Motto »Sehen und gesehen werden« lautet – bis hin zu einem regen Nachtleben hat der Ort für jeden etwas zu bieten. Eines der kulturellen Highlights ist die **Musikmuschel**, in der den ganzen Sommer über Konzerte mit klassischer Musik, Musicalmelodien sowie Pop- und Schlagermusik stattfinden. Im **Sylter Aquarium** kann man auf Tuchfühlung mit den Bewohnern der Unterwasserwelt gehen. Das **Freizeitbad Sylter Welle** bietet unter anderem Innen- und Außenbecken, Riesenrutsche und Saunawelt und im benachbarten **Syltness Center** kann man sich bei Asia-Wellness, Thalasso-Therapien und Schönheitsbehandlungen verwöhnen lassen.

Im Süden von Westerland liegt die **Himmelsleiter**, eine 26 Meter hohe Treppe, die vom Strand durch die Dünen auf eine Plattform führt. Die Belohnung für den Aufstieg ist ein wunderschöner Blick über Sylt. Infotafeln lehren uns einiges über Schweinswale und die Natur.

Es wird Zeit für den wohl berühmtesten Ort auf Sylt, den Hotspot in den Dünen: Herbert Secklers **Restaurant Sansibar** in Rantum. Es hat riesige Dimensionen mit 160 Plätzen innen und 250 außen, der Außenbereich verteilt sich auf die Terrasse und die Dünen. Markenzeichen der Genuss-Pilgerstätte mit gehobenem Niveau (wobei man auch eine wunderbar zubereitete Currywurst bekommen kann) sind die gekreuzten Säbel, die mittlerweile viele Artikel und Produkte zieren.

Am Ostzipfel der Insel befindet sich das **Morsumer Kliff**, ein Tier- und Naturparadies, umgeben von Heidelandschaft und dem Wattenmeer mit Hünengräbern aus der Steinzeit. Es ist eines der ältesten Natur-

Sylt
Lister Ellenbogen
Kampen
Rotes Kliff
Wenningstedt
Westerland
Restaurant Sansibar
Morsumer Kliff
Hörnum
Autozugfahrt Niebüll
Deezbüller Straße
Mitteldeich
L6 12 km
Dagebüll
Fährhafen nach Amrum und Föhr
L191 Bäderstraße
Sönke-Nissen-Koog
Cecilienkoog
Deichstedterweg
Herrweg
Dorfstraße
Pohnshalligkoogstraße
42 km
Nordstrand

schutzgebiete Schleswig-Holsteins. Zahlreiche Tierarten leben am Morsumer Kliff und bei Ebbe kann man unterschiedlichste Vogelarten auf Nahrungssuche beobachten. Wir sind fast am Ende der Inselbesichtigung angekommen, es fehlt noch die Südspitze **Hörnum**. Sie liegt inmitten einer naturgeschützten Dünen- und Heidelandschaft. Eine Promenade führt entlang des Ortsrandes von Hörnum, auf der man schöne Spaziergänge unternehmen und das maritime Flair genießen kann. Wahrzeichen ist der Leuchtturm, der einzige auf Sylt, der besichtigt werden kann. Tickets für die Führungen auf den Turm kann man an allen Vorverkaufsstellen der Insel kaufen oder online unter hoernum.de/veranstaltungen. Vom **Hörnumer Hafen** aus kann man Schifffahrten mit der Adler-Flotte nach Amrum, Föhr und auf die Halligen unternehmen.

ZURÜCK AUF DEM FESTLAND

Mit dem südlichsten Punkt der Insel wird es Zeit, die Rückreise aufs Festland anzutreten. Wieder in Niebüll angekommen, wenden wir uns nach Südwesten und fahren zwölf Kilometer weit nach **Dagebüll**.
Von Dagebüll aus gelangt man zu den beiden Inseln Amrum und Föhr. Der Kniepsand der Insel **Amrum**, eine extrem langsam wandernde Sandbank, ist der größte Strand Europas. Amrum liegt offen zur See hin und beeindruckt mit einer schönen Dünenlandschaft und echtem Nordseefeeling. **Föhr** ist

Idyllisch ist der bewachte, grüne Badestrand von Dagebüll.

↑ Maritimer Einschlag des Ortes ↗ Vom Fährhafen aus geht's nach Föhr und Amrum.

mit 82 Quadratkilometern die größte und auch die bevölkerungsreichste deutsche Insel ohne Landverbindung. Hier kann man den perfekten Badeurlaub und wunderbare Natur genießen. Föhr ist mit dem Schiff innerhalb von 50 Minuten von Dagebüll aus erreicht, Amrum in 90 Minuten (mit zweistündigem Zwischenstopp auf Föhr).
Der **Hafen** von Dagebüll, an dem die Schiffe zu den Inseln ablegen, bietet neben Einkehrmöglichkeiten einen Aussichtsturm am Anleger 3. Von hier oben hat man einen guten Blick über die Nordsee und den Schiffsverkehr. Eine schöne neue Badestelle neben dem Hafen mit Promenade und Parkplatz lädt zu einem Strandtag ein, etwas abseits befindet sich auch ein Hundestrand. Man kann von der Liegewiese aus sehr schön die Fähren beobachten. Viele Sitzbänke laden zum Verweilen ein und die kleine, feine Einkaufsmeile mit norddeutschem Charme ist nah. Der Strand ist auch ein guter Ausgangspunkt, um kilometerlange Strandspaziergänge zu unternehmen.

Für eine Fährfahrt auf eine Insel, die Besichtigung Dagebülls oder einen Strandtag ist der gut ausgeschilderte Inselparkplatz eine Empfehlung. Er verfügt über einen separaten

WANDERUNG

DURCHS WATT ZUR HALLIG OLAND

Sechs Kilometer durchs Watt sind es von Dagebüll auf die Hallig Oland – »Oland« bedeutet »altes Land«. Die Gebäude der Hallig drängen sich malerisch auf einer einzigen Warft aneinander, insgesamt sind es 15 Häuser, darunter die Kirche, eine Gastwirtschaft und der einzige reetgedeckte Leuchtturm Europas. Während der geführten Wanderung werden Pausen eingelegt und man erfährt Wissenswertes über die tierischen und pflanzlichen Bewohner des Watts. Auf Oland hat man dann eine Stunde zur freien Verfügung, bevor es wieder durchs Watt zurückgeht. Informationen und Anmeldung unter wattlaufen.com/wattwanderung-zur-hallig-oland.

Bereich für Wohnmobile, ist einigermaßen günstig und liegt sehr zentral.
Wer ohne nasse Füße einen Streifzug rund um Dagebüll unternehmen möchte, kann dies ab dem Hafen tun und im Rahmen einer 7,6 Kilometer langen, fast eben verlaufenden

Vom Hafen Strucklahnungshörn legen Ausflugsschiffe ab.

Wanderung Dagebüll kennenlernen. Highlights sind der Grünstrand, an dem man gemütlich spazieren gehen kann, der viereckige Backstein-Leuchtturm und die schlichte nordfriesische Kirche. Am besten parkt man auf dem Inselparkplatz und flaniert zuerst durch die skandinavisch anmutende Einkaufsstraße zum Fährhafen. Dort geht es auf den Deich hinauf und gleich darauf werden die Bahnschienen überquert. Oberhalb des Grünstrandes kann man dann wunderbar den ein- und ausfahrenden Fähren zuschauen. Schließlich wenden wir uns vom Strand ab und blicken bereits auf den Leuchtturm, an dem wir auf dem asphaltierten Weg links unterhalb des Deichs vorbeiwandern. Rechts von uns führen Schienen auf den Olander Damm. Wie wir den Infotafeln am Wegesrand entnehmen können, handelt es sich um eine Lorenbahn, die einst die einzige Verbindung zwischen dem Festland und der Hallig Oland darstellte. Wir erreichen die Dagebüller Straße, überqueren diese und folgen der Beschilderung »Deichwanderweg« bis zur Kirche. Um diese gehen wir links herum, dann einen Kilometer entlang einer wenig befahrenen Dorfstraße. Diese trifft auf die Straße Norddeich, der wir – jeweils auf separaten Fußgängerwegen – entweder nach links und am Kreisverkehr gleich rechts direkt zurück in die Stadt folgen oder nach rechts mit einem kleinen Zusatzschlenker über den Deich zurück zum Ausgangspunkt (das wären etwa 1,5 Kilometer mehr).

GRÜNES HERZ NORDSTRAND

42 Kilometer sind es an der Küste entlang, dann ist das Nordseeheilbad **Nordstrand** erreicht, eine eingedeichte Halbinsel vor Husum, die über einen vier Kilometer langen Damm erreicht wird. Inmitten des Wattenmeers gelegen, trägt die Halbinsel den Beinamen »Das grüne Herz des Wattenmeeres« – das heißt, sie ist von Wiesen und Deichen umgeben. Die gesunde Luft ist dafür verantwortlich, dass Nordstrand sich als Nordseeheilbad bezeichnen darf. Man kann sehr gut Radfahren und wenn man dies immer auf dem Deich entlang tut, hat man einen guten Überblick über die Halbinsel und das Meer, gleichzeitig kann man sich an den zahlreichen Schafen erfreuen.
Für die erste Orientierung empfiehlt sich ein Besuch des **Nationalpark-Hauses Nordstrand** am Norderhafen. Eine Ausstellung mit Landschaftsmodell, Aquarien und anderen Exponaten lädt dazu ein, das Watt und seine Lebewesen näher kennenzulernen. Es werden Führungen durch die Ausstellung angeboten, außerdem finden Veranstaltungen und Aktionstage statt und man kann sich hier zu einer Wattwanderung anmelden.

↑ Ungewöhnliches Inneres der Alt-Katholischen Kirche in Nordstrand ↓ Mit der Lorenbahn von Nordstrand nach Nordstrandischmoor

Informatives NABU-Zentrum auf der Wanderung durch den Beltringhardter Koog

Der **Badestrand Holmer Siel** ist im Sommer bewacht – das nahe gelegene Restaurant Zum Strandkorb sorgt an einem Badetag für die Verpflegung. Es gibt weitere Strände, an denen sich Windsurfer und Sportbegeisterte wohlfühlen. Auch für Hunde gibt es ausgewiesene Stellen, allerdings mit Leinenpflicht; in der Hundefreilaufzone im Trendermarschkoog dürfen sie auch ohne Leine toben.

Drei kleine Häfen befinden sich auf Nordstrand: Der **Süderhafen** ist ein ruhiger Hafen im Süden mit Segelbooten, Prielhafen und einer kleinen Badestelle mit Sandstrand; die **Engelmühle** mit Café ist ganz in der Nähe. Im Nordwesten legt am Hafen **Strucklahnungshörn** die Autofähre nach Pellworm ab, außerdem verkehren Schnellboote nach Pellworm, Hooge, Amrum und Sylt sowie Ausflugsschiffe. Am **Norderhafen** befindet sich das Kurzentrum von Nordstrand und es sind Einkehrmöglichkeiten vorhanden.

Vor den Deichen Nordstrands gibt es ein besonderes ökologisches Phänomen: eine **Salzwiese** am Übergang zwischen Land und Meer. Salzwiesen entstehen durch Überflutung, Abtragung und Anlandung. Hoch spezialisierte Pflanzen und Insektenar-

AUSFLUG

BESUCH DER SEEHUNDBÄNKE

Ein besonderes Highlight ist eine Fahrt zu den Seehundbänken. Die Ausflüge werden von unterschiedlichen Schifffahrtsgesellschaften angeboten, beispielsweise von der Adler-Reederei (adler-schiffe.de). Man kann die Touren zu den Seehunden als Kurzausflug unternehmen oder mit dem Besuch einer Hallig oder der Insel Pellworm verbinden. Besonders für Kinder interessant ist es, wenn ein Seetierfang im Angebot inbegriffen ist. Die Tiere werden anschließend wieder in die Freiheit entlassen.

ten, die es nirgendwo sonst gibt, sind in diesem seltenen Biotop mit seiner einzigartigen Pflanzen- und Tierwelt zu Hause. Unterhalb des Silo-Turms am Süderhafen gibt es einen **Salzlehrpfad**, der über diesen Naturraum informiert. Außerdem bietet die Schutzstation des Nationalpark-Hauses naturkundliche Führungen über diesen Lebensraum an.
Auch die **Hallig Nordstrandischmoor** beansprucht Aufmerksamkeit. Dorthin gelangen Tagesgäste nur zu Fuß, im Rahmen einer Wattwanderung oder mit Ausflugsschiffen. Übernachtungsgäste können die Lorenbahn benutzen. Diese verkehrt über einen Schienendamm zwischen dem Beltringhardter Koog und der Hallig. Nordstrandischmoor, von den Einheimischen auch Lüttmoor genannt, ist die jüngste Hallig Nordfrieslands. Auf der lauschigen, 175 Hektar großen Marschinsel leben 27 Bewohner, es gibt sogar eine Gaststätte. Den besonderen Charme der Hallig macht jedoch ihre einzigartige Natur aus.
Die **Hallig Südfall** kann man bei Ebbe von Nordstrand aus im Rahmen einer geführten Wattwanderung und sogar per Pferdekutsche besuchen. Es gibt verschiedene Angebote für die Kutschfahrten, die alle einen Aufenthalt auf der Hallig vorsehen – man kann beispielsweise dort frühstücken oder Kaffee und Kuchen zu sich nehmen. Informationen und Angebote findet man auf der Seite des Betreibers wattenkutscher.de/tour/watten-kutschfahrten. Auf der Hallig, die unter Natur- und Vogelschutz steht, lebt ein Ehepaar; die beiden sind die einzigen Bewohner und als Nationalparkwarte tätig.
Ebenfalls im Wattenmeer liegt das Nordseeheilbad **Pellworm**, wo man Natur, Ruhe und Entschleunigung findet. Auf einer Überfahrt mit einem Schiff der Neuen Pellwormer Dampfschifffahrtsgesellschaft ist die Inselidylle in einer halben Stunde Fahrzeit erreicht. Abfahrtsort ist der Hafen Strucklahnungshörn im Nordwesten von Nordstrand. Pellworm wird von einem rund 25 Kilometer langen Deich umgeben. Im Osten befindet sich der 100 Einwohner zählende Hauptort Tammensiel mit dem fotogenen rot-weißen Leuchtturm.
Wir lassen Nordstrand mit Naturimpressionen ausklingen und erkunden das Naturschutzgebiet **Beltringharder Koog**, das sich nördlich von Nordstrand und zum Teil auf Festland befindet. Es ist das größte Naturschutzgebiet auf dem Festland im ganzen Bundesland und ein Paradies für Naturfreunde. Auch für die Vogelbeobachtung gibt es kaum einen besseren Ort, da der Koog und die Deiche ein wichtiger Rastplatz

Am Norderhafen befindet sich das Kurzentrum von Nordstrand.

für alle Wattenmeervögel bei Hochwasser sind. Zugang zum Naturschutzgebiet finden wir bei der Naturschutzstation Arlau im ehemaligen Schöpfwerk.

Nordstrand
Nationalpark-Haus Nordstrand
Holmer Siel
Salzwiesen
Hafen zur Insel Pellworm
Naturschutzgebiet Beltringharder Koog
L191
Pohnshalligkoogstraße
Nordseestraße
12 km
Husum

Von dort machen wir auf dem Naturlehrpfad Arlau einen Abstecher zur Vogelbeobachtungshütte an der Salzwasserlagune, dem Herzstück des Naturschutzgebietes.

Sehr schön lässt sich das Naturschutzgebiet auch mit dem Fahrrad erkunden. Der Stellplatz Womoland Nordstrand liegt am südlichen Rand des Beltringharder Koogs und ist deshalb ein optimaler Ausgangspunkt für Spaziergänge und Radtouren durch das Gebiet. Die Radtour führt anfangs gen Osten und gegen den Uhrzeigersinn und biegt nach etwa drei Kilometern links ab. Wir erreichen den Deich, fahren an ihm entlang, bis wir nach etwa einer Stunde an eine größere Kreuzung kommen. Dort radeln wir links Richtung Westen. Nach drei Kilometern, die wir nördlich der Salzwasserlagune gefahren sind, gelangen wir zu einem großen modernen Naturschutzzentrum mit Imbiss. Über den Deich blickt man auf die Hallig Nordstrandischmoor und dahinter Pellworm. Hier startet auch die Lorenbahn zur Hallig. Wir radeln weiter in südliche Richtung, es folgt die schönste Wegstrecke (drei Kilometer am Deich entlang). Nach dem Strandbad biegen wir halb links auf die Straße Holmer Siel landeinwärts und Richtung Südosten ab. Im Zickzack geht es noch vier Kilometer über die Straße zurück zum Campingplatz. Die Tour umfasst 29 Kilometer, es gibt keine Abkürzungsmöglichkeiten.

Einer der schönsten Häfen Schleswig-Holsteins ist der Husumer Binnenhafen.

↑ Wasserturm am Schlosspark ↗ Der Husumer Speicher ist ein restauriertes Getreidelager.

BUNTES HUSUM

Nur zwölf Kilometer von Nordstrand entfernt und auf dem Festland gelegen erwarten uns hübsche Gassen und ein gemütlicher Hafen in **Husum**. Angesichts der farbenfrohen Häuser, die den Hafen säumen, kann man den berühmtesten Sohn der Stadt, Theodor Storm, nicht verstehen, der Husum in einem Gedicht »Die Graue Stadt am Meer« nannte. Jede Menge bunter Häuser am Binnenhafen sprechen eine andere Sprache. Heute ist die Stadt das kulturelle Zentrum Nordfrieslands mit jeder Menge Sehenswürdigkeiten.

Bleiben wir zunächst am **Hafen**: Den malerischen Anziehungspunkt für Touristen gab es vor ein paar Jahrhunderten noch nicht; er ist erst durch Sturmfluten im 15. und 17. Jahrhundert entstanden, als Husum von der Stadt im Hinterland zur Stadt am Meer vorrückte. Die Fassaden am Hafen und in der Großstraße aus dem 16. und 17. Jahrhundert zeugen von der einstigen wirtschaftlichen Blüte Husums. An der Nordseite steht neben dem Rathaus aus dem Jahr 1601 eines der ältesten Häuser. Husum ist heute für die Krabbenfischerei bekannt – so gibt es sogar Events rund um das Schalentier: Im Hochsommer wird bei den Husumer Hafentagen ein wahres Volksfest zelebriert mit Schlemmermeile, Livemusik und Kutterkorso. Im Oktober werden die Krabbentage veranstaltet.

Mit oder ohne Krabben-Fest: Am Husumer **Binnenhafen** pulsiert das Leben (am Parkplatz am Binnenhafen gibt es auch einen Wohnmobilplatz). Vor der malerischen Kulisse kann man flanieren oder auch zweimal täglich das Gezeitenspiel beobachten. Hier befindet sich das **Schiffahrtsmuseum Nordfriesland**, das die Themen der Seefahrt lebendig werden lässt: Walfang und Fischerei, Schiffbau und Navigation werden anhand von Modellen und Schaubildern präsentiert. Dabei geht es beispielsweise auch

↑ Das ganze Jahr über Weihnachten im Weihnachtshaus Husum! ↓ Das Husumer Schloss ist das einzige Schloss an der schleswig-holsteinischen Nordseeküste.

darum, wie die Sturmfluten des Mittelalters den Küstenverlauf Nordfrieslands formten. Am Binnenhafen findet man auch das **Nationalpark-Haus Husum** – hier erhält man Informationen darüber, wann die nächste Wattwanderung stattfindet, welche Vögel man im Wattenmeer beobachten kann und natürlich gibt es auch eine Ausstellung rund um das Wattenmeer und dessen Unterwasserwelt. Das Kulturzentrum **Speicher Husum** ist nicht nur von außen betrachtet sehr sehenswert; in dem renovierten Getreidelager am Hafen finden zudem tolle kulturelle Veranstaltungen statt. Auch der **Außenhafen** ist sehenswert, er wird mit den Krabbenkuttern und den Handelsschiffen von maritimer Wirtschaft bestimmt.

Etwas hinter dem Binnenhafen kann man im Wohnhaus des berühmten Schriftstellers Theodor Storm (1817–1888) das Museum **Theodor-Storm-Haus** besuchen. Das alte Kaufmannshaus aus dem Jahr 1730 in der Wasserreihe 31 beherbergt 14 Zimmer, besondere Exponate sind beispielsweise ein Biedermeier-Sofa mit eingeritzter Hirschjagd, ein Tafelklavier und der Schreibtisch, an dem der Dichter seinen »Schimmelreiter« vollendete. Treppenhaus, Flure, Decken und Türen sind original aus der Storm-Zeit erhalten.

Das Storm-Museum befindet sich im eigentlichen **Stadtzentrum** nördlich des Hafenbeckens mit der Fußgängerzone um die Marienkirche und den Marktplatz. Am Marktplatz treffen wir auch auf das Geburtshaus des Schriftstellers am Markt 9 – eine Tafel über dem Eingang weist auf die Besonderheit des Gebäudes hin. Eine weitere Kuriosität stellt das **Weihnachtshaus Husum** dar. Hier ist das ganze Jahr über Weihnachten! Das Museum in einem Haus aus der Gründerzeit zeigt eine Sammlung, die sich mit zahlreichen Exponaten den Traditionen von Weihnachten widmet. In einem liebevoll eingerichteten historischen Laden kann man im Anschluss an die Ausstellung weihnachtliche Raritäten und Besonderheiten erwerben.

Eine Attraktion der Stadt ist auch das **Schloss Husum** unweit des Marktplatzes. Errichtet von 1577 bis 1582 im Renaissancestil, diente es als Nebenresidenz des Herzogs Adolf von Gottorf. Im Inneren befinden sich das Schlossmuseum und das Poppenspäler Museum, das sich der Kunst des Figurentheaters widmet. Die schönste Jahreszeit für einen Spaziergang durch den **Schlosspark** ist der Frühling, denn dann leuchtet die Krokusblüte als lilafarbenes Blütenmeer. Ende März wird dieser Augenschmaus dann beim Krokusblütenfest gefeiert. Nicht nur einen tollen Blick über Schloss, Schlosspark und Krokusse, sondern auch zu den Inseln und Halligen bietet der **Wasserturm** am Schlosspark; er diente ursprünglich der Trinkwasserversorgung und ist unter anderem ein Aussichtsturm. Nahe beim Schloss können

KULTUR

HUSUMER KULTURPFAD

Auf 34 Stationen verbindet der Kulturpfad historische Gebäude, Museen und weitere Sehenswürdigkeiten Husums. Auf Infotafeln erfährt man Wissenswertes zu den einzelnen Stationen. Die Route beginnt am Alten Rathaus am Marktplatz, in dem Gebäude ist auch die Touristeninformation untergebracht, und hier ist der Treffpunkt für Stadtführungen und Nachtwächter-Rundgänge. Einen sehr ausführlichen Flyer zur Route kann man unter husum-tourismus.de/Vor-Ort/Stadtfuehrungen/Rundgaenge/Husumer-Kulturpfad herunterladen, auch die Touristeninformation hält eine Broschüre bereit.

Markt in der hübschen Altstadt von Husum

Besucher im **Ostenfelder Bauernhaus**, dem ältesten Freilichtmuseum Deutschlands, sehen, wie wohlhabende Bauern im 17. und 18. Jahrhundert gelebt haben.
Nicht weit vom Zentrum entfernt lädt der grüne Nordseestrand **Husumer Dockkoog** mit Badesteg zur Auszeit am Meer ein.
Er ist ausgestattet mit einer großen Liegewiese und es gibt eine Strandkorbvermietung. Der unter »Praktische Hinweise« beschriebene Campingplatz am Dockkoog befindet sich direkt bei der Badestelle.
Südwestlich von Husum gibt es eine sehr schöne Wanderung in Simonsberg durch idyllische Dörfer und ein Naturschutzgebiet.

Husum
Malerischer Hafen
Nationalpark-Haus Husum
Theodor-Storm-Museum
Schloss
Strand Husumer Dockkoog
B5
B202
18 km
Friedrichstadt
Stadt nach niederländischem Vorbild
Marktplatz mit prächtigen Häusern
B202
L33
Süderdeich
Wittendüner Allee
39 km
St. Peter-Ording

Startpunkt ist der Parkplatz an der Gaststätte Roter Haubarg. Wir wandern zunächst 1,5 Kilometer auf dem Mühlendeich, dann treffen wir in Simonsberg auf die Dorfstraße – sie verläuft nun weiter auf einem alten Deich mit reetgedeckten Katen. Wir erreichen am Seedeich das Naturschutzgebiet Wester-Spätinge. In der NABU-Station kann man Ferngläser für die Vogelbeobachtung ausleihen. Wir biegen links ab in den Uelvesbüller Koog, wo wir an der Fundstelle des »Zuckerschiffes«, eines Lastenseglers aus dem 17. Jahrhundert, vorbeikommen. Wieder links gelangen wir auf den Porrendeich, der in den Mühlendeich übergeht, dann wandern wir nach links zurück zum »Roten Haubarg«. Das ist ein historischer Hof, in dessen Stuben oder prächtigem Garten man nach der Wanderung einkehren kann.

IM SÜDLICHEN NORDFRIESLAND

Auf dem Weg nach St. Peter-Ording machen wir einen Einkehrschwenk ins Landesinnere nach Friedrichstadt. Dafür biegen wir von der B 5 auf die B 202 nach Südosten ab. **Friedrichstadt** wird »Klein Amsterdam des Nordens« genannt – für diese passende Namensgebung sind die Grachten, die geraden Gassen, Brücken und schmalen Häuser mit Treppengiebeln verantwortlich. Die Wurzeln des Ortes sind tatsächlich niederländisch, denn Gründer und Namensgeber von Friedrichstadt ist Herzog Friedrich III. von Schleswig-Gottorf. Er gewährte Anfang des 17. Jahrhunderts religiös verfolgten Niederländern Schutz in seinem Herzogtum und genehmigte ihnen Glaubensfreiheit. Als Gegenleistung wurde ihm eine Stadt nach niederländischem Vorbild errichtet.
Als Zeugnis der religiösen Toleranz gibt es in Friedrichstadt fünf **Kirchen** für unterschiedliche Glaubensrichtungen. Die freisinnige, christliche Glaubensgemeinschaft Remonstrantenkirche, die in den Niederlanden gegründet wurde, die evangelisch-lutherische St.-Christophorus-Kirche, die Mennonitenkirche, die Kirche der dänischen Gemeinde und die katholische Kirche St. Knud.
Die Kanäle verbinden die Sielzüge zwischen Eider und Treene. Deshalb lässt sich die Stadt besonders gut im Rahmen einer **Grachtenfahrt** entdecken. Die Boote starten am Fürstenburggraben und am Treene-Ufer. Man kann die Grachten auch individuell mit einem gemieteten Tret-, Ruder- oder Elektroboot entlangschippern.
Rund um den **Marktplatz** gruppieren sich prächtige Häuser. Von der zentralen Gracht, dem Mittelburggraben, kann man auf neun Kaufmannshäuser an der Westseite des Marktplatzes blicken – ein Ensemble aus der Zeit der Stadtgründung im Jahr 1621. Besonders hübsch und Wahrzeichen von Fried-

Niederländischer Einschlag in Friedrichstadt

↑ Hausmarken an den Fassaden
↗ Pumpenhäuschen ↓ »Grachten« durchziehen das Stadtgebiet.

SPECIAL

MARKENZEICHEN VON FRIEDRICHSTADT

Sicher haben Sie es längst entdeckt: Viele Häuser der Stadt tragen eine sogenannte Hausmarke, das sind kleine Reliefs an den Häuserfassaden. Man erkennt auf ihnen die verschiedensten Motive, etwa einen Fischer in seinem Boot oder eine Sense, welche auf den Beruf oder eine Eigenart des ehemaligen Erbauers oder Bewohners des jeweiligen Hauses hinweisen.

richstadt ist das schön verzierte, blau-weiße **Pumpenhäuschen** mit Wasserpumpe. Das Brunnenhäuschen, dem Baustil der Gotik nachempfunden, wurde 1879 errichtet, an seiner Stirnseite befinden sich vier Verse des Schriftstellers Klaus Groth in Plattdeutsch über das Wasser. Vom Marktplatz zweigt die Prinzenstraße ab, eine Bummelmeile mit vielen Geschäften und Lokalen.

Vor dem Rathaus am Marktplatz beginnen täglich um 11 Uhr Stadtführungen, man erhält bei der Touristeninformation am Markt aber auch Flyer mit Tipps für einen individuellen Stadtrundgang. Verpassen sollte man auf keinen Fall das schönste Wohnhaus der Stadt, die **Alte Münze**, die 1626 von Statthalter Adolph van Wael erbaut wurde, aber nie als Münzstätte diente, sondern als Speicher, Kirche und Bibliothek. Man findet das Gebäude in der Straße Am Mittelburgwall 21/23; es ist heute das **Museum Alte Münze Friedrichstadt** darin untergebracht.

Friedrichstadt liegt nicht an der Küste, das Umland ist von Wiesenlandschaft geprägt. Die Flüsse Eider, Treene und Sorge sorgen aber trotzdem für die Präsenz von Wasser – die Region eignet sich wunderbar zum Wasserwandern, Radfahren und Baden an den Badestellen der Flüsse.

VIELSEITIGES ST. PETER-ORDING

Wir nähern uns einem Highlight der Nordseeküste – und für mich persönlich ein Lieblingsort in Schleswig-Holstein: Über die B 202 fahren wir in westliche Richtung nach **St. Peter-Ording** (abgekürzt mit SPO), das sind von Friedrichstadt aus knapp 40 Kilometer. Der Ort liegt auf der Halbinsel Eiderstedt. Was an dem Nordseeheil- und Schwefelbad am meisten beeindruckt, ist der zwölf Kilometer lange **Sandstrand**. Vom Deich aus hat man einen unglaublichen Panoramablick auf diesen Traumstrand, der nicht nur lang, sondern mit zwei Metern auch sehr breit ist. Der Strand von SPO gilt als einer der schönsten ganz Deutschlands. Strandspaziergänge in beide Richtungen und in ausgiebiger Dauer sind ebenso möglich wie Segeln, Surfen und Kiten. Oder einfach nur im feinen Sand sitzen, die Sonne, das Meer und die Wellen genießen.

Als Nächstes fallen die auf Pfählen stehenden Häuser am Strand auf. Das gibt es an der deutschen Küste nur in St. Peter-Ording, deshalb sind die **Pfahlbauten** auch das Wahrzeichen der Stadt. Die Holzhütten stehen auf Stelzen und haben eine Höhe von bis zu sieben Metern. Im Jahr 1911 öffnete das erste Exemplar, schon damals bestand die Hauptaufgabe der hölzernen Bauten darin, die Strandbesucher zu verpflegen. Und auch heute sind in fünf der insgesamt 13 Pfahlbauten Restaurants untergebracht, wo man mit allerbester Aussicht speisen kann – vor allem von den Terrassen aus.

Eine Besonderheit des Strandes ist, dass man einen Teil davon mit dem Auto oder Wohnmobil befahren kann – Türen auf und direkt im feinen Sand stehen, das ist ein Traum! Es gibt zwei Zugänge, der bekanntere und beliebtere ist der nördlich im Stadtteil Ording gelegene. Der andere ist der Strandparkplatz

Der breite, weiße Sandstrand von St. Peter-Ording sucht seinesgleichen.

in Böhl mit Badestelle, Strandkörben, einem Pfahlrestaurant und Toilettenhäuschen. Parken darf man (kostenpflichtig) auf den ausgewiesenen Parkflächen in der Zeit vom 15. März bis 31. Oktober von 7.30 bis 22.30 Uhr. Übernachten im Wohnmobil ist nicht erlaubt. Zu beachten ist aber unbedingt, dass man nur die Stellen befahren sollte, an denen der Sand hart und glatt ist – am besten fährt man dorthin, wo bereits andere Wohnmobile stehen. Bei Frontantrieb gilt es, doppelt aufzupassen! Bei vorangegangener längerer Trockenheit sollte man nicht mit dem Wohnmobil auf den Strand fahren. Allgemeine Infos zum Strandparken Ording findet man unter st-peter-ording.de/poi/strandparken-ording, zum Strandparken Böhl unter st-peter-ording.de/poi/strandparken-boehl. Im Ortsteil Bad des Kurortes befindet sich die ein Kilometer lange **Seebrücke** (kostenpflichtig, mit Kurkarte kostenfrei), über die Urlauber vom Ort an den Strand gelangen. Von der Brücke aus blickt man auf die Salzwiesen und Dünenlandschaft und mit etwas Glück sieht man nistende Vögel, während der Strand immer näher rückt. Am Strand angekommen, trifft man auf das Pfahlbau-Restaurant Arche Noah. Links der Seebrücke herrschen besonders gute Bedingungen, um einen Drachen steigen zu lassen. Auch Sonnenuntergänge kann man auf der Seebrücke schön genießen. Bänke und Möglichkeiten zum Verweilen sind vorhanden. In der Hauptsaison ist es allerdings recht voll hier, während es nördlich und südlich der Seebrücke bereits deutlich ruhiger zugeht. Fahr-

Tipp

ERLEBNIS HITZLÖPER

Hinter dem lustigen Begriff »Hitzlöper« verbirgt sich nicht nur die plattdeutsche Bezeichnung für Bernsteinsucher, sondern auch eine nostalgische Bimmelbahn in blau-weiß-gelber Optik, die Gäste mit auf informative, live moderierte Ausflugsfahrten nimmt. Egal, ob Sie zu einer Wattwanderung mit fachkundiger Führung, zum Westerhever Leuchtturm weiter im Norden oder die vier Ortsteile von St. Peter-Ording abklappern möchten – alle Touren starten im Zentrum von St. Peter-Bad. Die verschiedenen Fahrten sowie Preise und Abfahrtszeiten findet man unter de-hitzloeper.de.

radfahren ist auf der Seebrücke nicht erlaubt. Am Beginn der Seebrücke befindet sich ein großes Restaurant der Kette GOSCH, dahinter drapiert sich ein kleiner Ortskern mit Boutiquen, Souvenirläden und Eisdielen, Restaurants und Imbissen.
Der Strand erfordert zugegebenermaßen sehr viel Aufmerksamkeit, trotzdem sollten wir den Ort St. Peter-Ording keinesfalls vernachlässigen. Er teilt sich von Nord nach Süd auf in die Ortsteile Ording, St. Peter-Bad, St. Peter-Dorf und St. Peter-Böhl. Der Ortsteil **Ording** ist am meisten von allen Ortsteilen geprägt vom Strand; am Meer spielt sich das maritime Leben ab. Man kann baden oder einfach nur im Sand liegen, Restaurants in den Pfahlbauten besuchen, an Großveranstaltungen teilnehmen oder sich sportlichen Aktivitäten wie Beachvolleyball hingeben. Das Zentrum von St. Peter-Ording ist der quirlige Ortsteil **St. Peter-Bad**. Dort ist die Erlebnis-Promenade ein besonderes Highlight. Mit Fertigstellung des Teilstücks Promenade II im Jahr 2019 hat sich hier ein eindrucksvolles Naturerlebnis herausgebildet. Die Promenade erstreckt sich am Deich entlang und nimmt immer wieder Bezug auf den Nationalpark Wattenmeer – mit naturnahen Rastplätzen, Liegewiesen, Aussichtsplattformen und einem Biotop. Wer es sportlich mag, kann sich auf einem Fitnessparcours an 18 Outdoorgeräten für Erwachsene probieren, Kindern stehen derweil fünf Themenspielplätze zur Verfügung. Im »Dünen-Hus« finden unterschiedliche Veranstaltungen statt. Nahe der Promenade laden Boutiquen zum Shoppen ein und man kann wunderbar in einem der zahlreichen Restaurants, Imbisse und Bars einkehren. Bei Schietwetter kann man sich in die **Dünen-Therme** zurückziehen (ebenfalls in Bad nahe der Seebrücke) – ein tolles Freizeitbad mit einem großen Angebot für alle

Zugang zur langen Seebrücke

Altersklassen. Mit Rutschen, Wellenbad und Strudelbecken, warmem Whirlpool, Außenbecken und Saunabereich. Immer mit dabei ist der Blick aufs Meer.

St. Peter-Ording
12 km langer Sandstrand
Strandparken
Pfahlbauten
Seebrücke
Westerhever Leuchtturm
L33
Eiderdammstraße
22 km
Eidersperrwerk
Langer Weg
Katinger Landstraße
11 km
Tönning
schöner Hafen
Altstadt
Multimar Wattforum

Interessant im Ortsteil **St. Peter-Dorf** ist die Kirche St. Peter, denn sie war es, die dem Ort seinen Namen gab. In einem 250 Jahre alten Bauernhaus, ein Schmuckstück der Eiderstedter Halbinsel, ist das Heimatmuseum untergebracht. Auf dem großen Marktplatz findet jeden Mittwoch ein mit regionalen und saisonalen Produkten reich bestückter Wochenmarkt statt. In der Nähe des Marktplatzes ist auf dem Gelände am Deich in den letzten Jahren nach und nach die Historische Insel entstanden. Traditionelle Gebäude wie ein Eiskeller, ein Backhus oder ein Insektenhotel werden wie in einem Freilichtmuseum präsentiert. Im Backhus wird sogar regelmäßig frisches Brot gebacken, selbst gemachter Teig kann nach Voranmeldung ebenfalls im Ofen mitgebacken werden. Der von Dorf aus erreichbare, begrünte Südstrand lädt zum Entspannen und Sonnenbaden ein; bei Ebbe kann man hier sehr gut wattwandern oder einen Spaziergang durch die Salzwiesenlandschaft unternehmen.

Der **Westküstenpark & Robbarium** befindet sich ebenfalls in Dorf. Dabei handelt es sich um einen hübschen Park mit Tieren nicht nur aus dem Nordseeraum: Vögel, Robben, Reptilien, Fische, Schildkröten und sogar Esel wohnen hier. Es werden Führungen angeboten und mehrfach am Tag kann man bei den Tierfütterungen zuschauen. Ein Blick auf die Homepage verrät vorab, wann welche Tiere gefüttert werden: tierpark-westkuestenpark.de.

Ruhe, Entspannung und viel Natur im Süden der Halbinsel Eiderstedt findet man im Ortsteil **St. Peter-Böhl**. Der Böhler Leuchtturm aus dem Jahr 1892 besteht aus rotbraunen Ziegelsteinen, man kann hier schön spazieren gehen und abends den Sonnenuntergang genießen Der Leuchtturm ist nur zu Fuß oder mit dem Fahrrad erreichbar.

Ein unabdingbarer Ausflug führt zum **Leuchtturm Westerhever** beim Ort Westerhever ganz im Norden der Halbinsel Eiderstedt. Der Bilderbuch-Leuchtturm in rot-weißer Ringeloptik ist das Wahrzeichen der Halbinsel – und gilt überdies als einer der bekanntesten Leuchttürme ganz Deutschlands. Am besten lässt sich der 37 Meter hohe Turm von einem wenige Schritte nordwestlich gelegenen Aussichtspunkt be-

WANDERUNG

ZUM BILDERBUCH-LEUCHTTURM

Wer nicht mit allen anderen Touristen den Weg zum Leuchtturm gehen möchte, hat mit dieser Route eine schöne Alternative. Los geht's am Parkplatz von Stufhusen, von wo eine Treppe auf den Deich führt. Wir wandern gemütlich am Rand der Salzwiesen auf einem Fuß- und Radweg, begleitet von Schafen rechts und links. Erst nach zwei Kilometern treffen wir auf den regulären Weg, folgen ihm nach rechts in die Salzwiesen und im weiteren Verlauf zum Turm. In den Sommermonaten wählt man für den Rückweg den historischen Stockenstieg (zwischen Oktober und Mai ist er gesperrt), der durch die Salzwiesen führt und nur zurück in Richtung Deich begangen werden darf. Danach geht es über die Deichstraße zurück zum Parkplatz. Der Rundweg ist 7,2 Kilometer lang.

↑ Die Pfahlbauten sind nicht nur schön anzusehen, sondern auch Markenzeichen von St. Peter-Ording.
↓ Eine Augenweide ist der Leuchtturm Westerhever.

trachten – und aufs Foto bannen natürlich. Man kann auch auf die umlaufende Plattform des Turms hinaufsteigen, Eintrittskarten erhält man im Infohus Westerhever vor dem Deichübergang (Kinder dürfen erst ab acht Jahren hinauf). Der Leuchtturm ist von Salzwiesen umgeben und 2,5 Kilometer vom Außendeich entfernt. Man gelangt nur zu Fuß oder mit dem Fahrrad dorthin. In den beiden ehemaligen Leuchtturmwärter-Häuschen ist heute eine Ausstellung der Schutzstation Wattenmeer untergebracht.

Zwischen SPO und Tönning erwartet uns das imposante **Eidersperrwerk**, gelegen an der Mündung der Eider in die Nordsee. Das Bauwerk wurde infolge einer Sturmflut errichtet und 1973 fertiggestellt. Je nach Wasserstand können fünf Tore hoch- und heruntergelassen werden, um entweder das Wasser der Eider in die Nordsee zu leiten oder die Landschaft hinter dem Deich vor Sturmschäden zu schützen. Am südlichen Ende des Sperrwerks befindet sich ein Parkplatz mit einem kleinen Café und man gelangt über eine Treppe auf einen Fußweg, der entlang der fünf Tore führt. Im Sperrwerk führt ein Tunnel zur Nordseite, wo sich ebenfalls ein Parkplatz befindet. Von hier aus erreicht man die Schleuse, an der die Schiffe von der Eider in die Nordsee fahren können.

Das Eidersperrwerk nahe Tönning ist ein monumentales Bauwerk.

↑ Ob am Hafen von Tönning ... ↗ ... auch mal Piraten ankern?

HAFENFLAIR AN DER EIDER

Nun steht noch eine letzte Ortschaft in Nordfriesland auf dem Programm: Wir fahren vom Sperrwerk nur elf Kilometer weiter nach **Tönning** im Südosten der Halbinsel Eiderstedt. Man sagt von Tönnings Hafen, er sei der schönste der schleswig-holsteinischen Westküste. Tatsächlich präsentiert er sich sehr pittoresk. Der **Hafen** wurde Anfang des 17. Jahrhunderts in seiner heutigen Form gegraben, anschließend war er viele Jahre einer der wichtigsten Handelsplätze an der Nordsee. Seine Bedeutung verlor er mit dem Bau des Nord-Ostsee-Kanals.

Sehenswert am Hafen ist das historische **Packhaus**, ein dreigeschossiger Backsteinbau, der ab dem Baujahr 1783 als Lagerstätte für verschiedenste Waren diente. Heute beherbergt das Packhaus eine Ausstellung zur Tönninger Stadtgeschichte. Auf der **Hafenpromenade** kann man flanieren, die hübschen Häuser und den Hafen bewundern und Spezialitäten aus Eiderstedt genießen. Die Promenade ist von Bäumen gesäumt und ermöglicht Blicke auf weitere interessante Bauwerke wie die weiße hölzerne Ziehbrücke auf der einen und das »Schifferhaus«, ein ehemaliges Gasthaus aus dem Jahr 1625, auf der anderen Seite des Hafenbeckens.

Nicht weniger schön ist die **Altstadt** Tönnings. Hübsche kleine Giebel- und Bürgerhäuser aus dem 17. Jahrhundert säumen die Gassen rund um den kleinen, kopfsteingepflasterten Marktplatz mit seinem Brunnen aus dem Jahr 1613. Die aus Backstein errichtete St.-Laurentius-Kirche mit ihrem 62 Meter hohen Barockturm wurde mehrfach zerstört und wieder aufgebaut – an ihrer Nordseite steht jedoch noch heute eine originale Wand aus dem 12. Jahrhundert. Im Inneren des Gotteshauses finden sich Kunstschätze wie beispielsweise ein imposantes Deckengemälde, ein Taufstein und eine Kanzel mit Schnitzereien. Südlich des Marktplatzes folgt der **Schlossgarten**, durch den hindurch man die Hafenpromenade erreicht. Von dem im 16. Jahrhundert erbauten Schloss, das 1735 abgerissen wurde, ist heute nichts mehr zu sehen, der hübsch angelegte Park eignet sich aber wunderbar für Spaziergänge.

Verspielte Fassaden am Marktplatz von Tönning

Eine Attraktion des Ortes ist das **Multimar Wattforum**. Mit Aquarien und Spielstationen präsentiert diese moderne Erlebnisausstellung ganz besondere Lebensräume der Nordsee und des Wattenmeers. Vom kleinen Seepferdchen bis zum Katzenhai ist alles vertreten, es tummeln sich Seelachs, Kabeljau und Stör hinter der Panoramascheibe des Großaquariums. Viele Mitmachstationen locken vor allem Familien mit Kindern an. Das Multimar Wattforum ist das größte Informationszentrum zum Thema Nationalpark Wattenmeer in Schleswig-Holstein. Tönning liegt nicht am Meer, eine **Badestelle** gibt es aber trotzdem, und zwar am Eider-Deich. Zum Teil besteht sie aus Sandstrand (mit einer Badebrücke), zum Teil aus Grünstrand, nebenan gibt es ein beheiztes Meerwasserfreibad.

AUSFLUG

SEEHUNDE AHOI!

Sowohl am Außenhafen von Tönning als auch im Schleusenvorhafen am Eidersperrwerk starten regelmäßig Fahrten zu den Seehundbänken in der Nordsee – dabei können die Fahrgäste Krabben, See-Skorpione und andere Meerestiere aus nächster Nähe betrachten. Die Meerestiere werden während der Tour gefangen und später wieder freigelassen. Highlight des Schiffsausflugs ist neben den Seehundbänken eine Fahrt durch die Schifffahrtsschleuse des mächtigen Eidersperrwerks. Zu den Seehundbänken fährt die MS Adler II, Infos zur Reederei und den Abfahrtszeiten findet man unter adler-schiffe.de.

PRAKTISCHE HINWEISE

TOURISTINFORMATIONEN

Tourist-Info Niebüll
Bahnhofstr. 6, 25899 Niebüll, Tel. 04661/941015, nordsee-tourist.de

Tourist-Information Westerland
Strandstr. 35, 25980 Westerland, Tel. 04651/9980, sylt.de

Tourist-Info Dagebüll
Nordseestr. 1, 25899 Dagebüll, Tel. 04667/95000, gemeinde-dagebuell.de

Tourismus und Stadtmarketing Husum GmbH
Großstr. 27, 25813 Husum, Tel. 04841/89870, husum-tourismus.de

Tourist-Information Friedrichstadt
Am Markt 9, 25840 Friedrichstadt, Tel. 04881/93930, friedrichstadt.de

Tourist-Info Dorf St. Peter-Ording
Badallee 1, 25826 St. Peter-Ording, Tel. 04863/9990, st-peter-ording.de

Tourist-Info Bad St. Peter-Ording
Maleens Knoll 2, 25826 St. Peter-Ording, Tel. 04863/9990, st-peter-ording.de

Tourist- und Freizeitbetriebe Tönning
Am Markt 2, 25832 Tönning, Tel. 04861/61420, toenningtourismus.de

KARTEN

Kartenwerk Sehkarte: Seekarte Westküste Schleswig-Holstein. Ausflugsziele, Leuchttürme und Nationalpark Wattenmeer. Tipps für Trips entlang der schleswigholsteinischen Nordseeküste.

Kommunalverlag Tacken: Nordfriesland Kreis mit Sylt, Amrum, Föhr und Halligen, KVplan, Radkarte/Freizeitkarte/Wanderkarte 1:60 000.

CAMPING- UND STELLPLÄTZE

S 500 **Wohnmobilstellplatz Hemenswarft** (S. 198 D3)
Am Seedeich 1, 25924 Emmelsbüll-Horsbüll, Tel. 0160/91283470, nordseeliebe.de/wohnmobil-stellplatz-hemenswarft
GPS: 54.79419, 8.677711
Mehr Natur auf einem Stellplatz geht nicht! Ohne Ausstattung, aber auf gepflegtem grünen Rasen finden fünf Wohnmobile inmitten von Wiesen und Feldern ein idyllisches Fleckchen. Der Platz liegt hinter dem Deich und an der nahen Badestelle kann man in die Nordsee springen

Neu angelegt ist der Stellplatz Wohnmobil-Ankerplatz in Dagebüll.

(etwa einen Kilometer entfernt). Blick auf die vorgelagerten Inseln vom Deich aus, auf den es einen direkten Zugang gibt. Nahe zum Bahnhof Niebüll, von wo man mit dem Zug nach Sylt fahren kann. Einmalig netter Betreiber! Das ist wie Wildcampen – nur in legal und gepflegt. Der Platz ist ein Geheimtipp!

S 501 **Wohnmobil-Ankerplatz am Deich** (S. 198 D4)
Fährhafenstr. 2, 25899 Dagebüll, Tel. 04681/80241, womoankerplatz.de
GPS: 54.732365, 8.701746
Ganz neuer, gepflegt angelegter Wohnmobilstellplatz mitten im Zentrum von Dagebüll, aber dennoch ruhig. Kurzer Fußweg zum Fährhafen, von wo aus die Fähren zu den Inseln Föhr und Amrum und die Ausflugsschiffe zu den Halligen starten. Jeder Stellplatz hat eine geschotterte Stellfläche und eine Grünfläche, Wasser und Abwasser sowie Strom. WLAN auf dem gesamten Gelände kostenlos vorhanden. Entsorgung, Waschmaschine und Trockner. Extraplätze für besonders große Mobile. Reservierungen sind nicht möglich, auf der Homepage kann man sich aber über die aktuelle Belegung informieren.

C 502 **Campingplatz Westerland** (S. 198 B2)
Süderstr. 66, 25980 Sylt/Westerland, Tel. 04651/2991939, duenen-camping-westerland.de
GPS: 54.893888, 8.295869
Einer von zahlreichen Plätzen auf Sylt, am Westufer und südlich des Stadtbereichs von Westerland gelegen. Die Wohnmobile stehen auf einem ebenen Wiesengelände, teils sehr dicht beieinander, alle Stellplätze haben Strom und teilweise Wasser- und Abwasseranschluss. Auf dem Platz befinden sich das Surfhouse Sylt (Vermietung von Surfmaterial und Surfkurse), ein Restaurant und ein Minimarkt. Neu sanierte Sanitärgebäude, Waschmaschine und Trockner. Es gibt separate Übernachtungsplätze.

S 503 **Womoland Nordstrand** (S. 199 E6)
Norderquerweg 2, 25845 Nordstrand, Tel. 04842/473, womolandnordstrand.de
GPS: 54.518113, 8.932018
Wunderbar am Naturschutzgebiet Beltringharder Koog gelegener Wohnmobilstellplatz mit viel Ruhe und trotzdem allem Komfort. Familiär geführt und mit 44 Stellplätzen überschaubar groß. Die Plätze sind gekiest mit einer Grünfläche. Saubere Sanitäranlagen, Ver- und Entsorgung vorhanden. Brötchenservice ans Wohnmobil. Sehr netter Betreiber, mittwochs und samstags werden Grillabende angeboten. Außenherum ist nichts als Natur, die perfekte Ausgangslage für die Erkundung des angrenzenden Naturschutzgebiets.

C 504 **Regenbogen Husum** (S. 199 E6)
Dockkoogstr. 17, 25813 Husum, Tel. 04841/9397960, regenbogen.ag/ferienanlagen/husum
GPS: 54.479415, 9.010117
Nicht zu großer, direkt am Deich gelegener Campingplatz der Regenbogen AG auf gepflegter Rasenfläche rund 2,5 Kilometer vom Stadtzentrum Husum entfernt. Nur 500 Meter bis zum Meer mit Blick auf die Halbinsel Nordstrand. Ruhige, aber dennoch stadtnahe Lage. Ver- und Entsorgung sowie Frischwasser vorhanden, jedoch kein Strom. Kleines Sortiment im Shop an der Rezeption und Möglichkeit der Brötchenbestellung.

S 505 **Wohnmobilstellplatz Friedrichstadt** (S. 201 H2)
Halbmond 5, 25840 Friedrichstadt,
Tel. 04881/937048, wohnmobilstellplatz-friedrichstadt.de
GPS: 54.372364, 9.088516
Neuer Wohnmobilstellplatz für 65 Wohnmobile auf großzügig bemessenen, geschotterten Stellflächen mit Rasenfläche bei jedem Platz. Der Platz liegt zentrumsnah, zwischen den Flüssen Eider und Treene. Reservierungen für einen Teil des Platzes werden angeboten, das gestaltet sich aber bisweilen sowohl online als auch telefonisch etwas hakelig. Ein eingezäunter Hundeplatz mit Sand zum

Buddeln ist vorhanden. Gute Ausstattung mit Ver- und Entsorgung, Frischwasser, Strom und Sanitäranlage. Friedrichstadt ist sehr gut fußläufig erreichbar. Beim etwa 450 Meter entfernten Edeka gibt es frische Brötchen.

C 506 **Camping Bauernhof Voß** (S. 201 E3)
Brösumer Str. 8, 25826 St. Peter-Ording, Tel. 04863/2130, bauernhof-voss.de
GPS: 54.33239, 8.62256
Als Alternative für die großen Plätze auf der Halbinsel Eiderstedt ist dieser kleine, familiäre Platz im Ortsteil Ording eine wahre Idylle. In Fußdistanz zu Strand und Meer liegt der Bauernhof, bei dem Kinder und Hunde sehr willkommen sind. Die Stell- und Zeltplätze befinden sich auf einer großen Wiese. Es wird Anschluss angeboten, wenn man das will – bei gutem Wetter an der Feuerstelle, bei schlechtem Wetter in der Schlechtwetterscheune. Strom ist vorhanden und es gibt Sanitärräume und eine Entsorgung für Schwarzwasser mit biologisch abbaubaren Sanitärflüssigkeiten.

C 507 **Campingplatz Ademi** (S. 201 F3)
Böhler Landstr. 171, 25826 St. Peter-Ording, Tel. 04863/5195, camping-ademi.de
GPS: 54.28569, 8.660604
Ganz im Süden von SPO und im Ortsteil Böhl nahe dem Leuchtturm und dem Strand liegt dieser familiäre Platz. Stellplätze auf Rasen hinter dem Seedeich. Ver- und Entsorgung, neue, gepflegte Sanitärbereiche, Waschmaschine und Trockner, verschiedene Grillplätze sowie ein Kiosk. Strom und WLAN ebenfalls vorhanden. Für Hunde gibt es eine Hundedusche. Pfahlbau-Restaurant am Sandstrand mit dem Wohnmobil in fünf Minuten erreichbar.

Schattige Plätze findet man auf dem Campingplatz Lilienhof.

C 508 **Campingplatz Lilienhof** (S. 201 G3)
Katinger Landstr. 5, 25832 Tönning, Tel. 04861/439, campingplatz-lilienhof.de
GPS: 54.31193, 8.903815
Ruhiger und gemütlicher Naturcampingplatz südöstlich auf der Halbinsel Eiderstedt am Stadtrand von Tönning. Viel Schatten durch alten Baumbestand, aber auch sonnige Stellplätze. Waschmaschine, Entsorgungsstation, Strom und Gasversorgung vorhanden. Sehr gepflegte neue Sanitäranlagen mit münzbetriebenen Duschen. Hilfsbereite Betreiberin. Nach Tönning gelangt man sehr gut und schnell mit dem Fahrrad.

C 509 **Camping Wesselburenerkoog** (S. 201 G3)
Dammstr. 1, 25764 Wesselburenerkoog, Tel. 04833/1441, camping-wesselburenerkoog.de
GPS: 54.24728, 8.84152
Gepflegter Platz mit sehr netter Inhaberin in traumhafter Lage inmitten der Natur und direkt am Deich. Großzügige Stellplätze auf grünen Rasenflächen. Mit Strom, ohne steht man auf einer großen Wiese. Sauberes, modernes Sanitärhaus (Toilettenpapier selbst mitnehmen) mit münzbetriebenen Duschen. Waschmaschine, Trockner, Ver- und Entsorgung (nur mit biologisch abbaubaren Substanzen) vorhanden, aber weder WLAN noch Netzempfang. Zum Eidersperrwerk zwei Kilometer Fußweg. 400 Meter entfernt Badestelle mit separatem Hundebereich. Dreimal pro Woche kommt ein Bäckerwagen. Sehr gut für einen längeren Aufenthalt geeignet.

Der schmucke Leuchtturm am Hafen von Büsum

6

CHARMANTE DITHMARSCHER URLAUBSORTE

Zwischen Nordsee, Eider, Elbe und Nord-Ostsee-Kanal

Die letzte Route führt uns an hübschen Orten der Nordseeküste entlang, wir durchqueren das Gebiet Dithmarschen und gelangen auch wieder an die Elbe, mit der wir in Tour 1 bereits das Vergnügen hatten. In Brunsbüttel an der Mündung des Nord-Ostsee-Kanals in die Elbe lernen wir einiges über die wichtige Wasserstraße und den bedeutendsten Seehafen an der Westküste. Den Schlusstakt der Reise bilden Itzehoe und das schmucke Glückstadt an der Unterelbe, berühmt für die Matjes-Produktion.

Im Bereich der Nordseeküste besteht Dithmarschen aus Marschland, im Landesinneren aus Geest-Gebieten – das sind meist sandartige Landschaftsformen in Norddeutschland, die durch Ablagerungen der Eiszeit entstanden sind. Der Landkreis Dithmarschen umfasst das Gebiet zwischen Nordsee, Eider, Elbe und Nord-Ostsee-Kanal, der die Elbmündung an der Nordsee mit der Kieler Förde an der Ostsee verbindet. Damit schließt sich sehr schön der Kreis der in diesem Reiseführer vorgestellten Routen.

Eins von vier Hafenbecken ist der Museumshafen.

KLEINE HAFENSTADT BÜSUM

Wir bleiben auch auf dieser Tour noch an der Nordseeküste und starten in **Büsum**. Dort begrüßt uns der **Leuchtturm**, der fast mitten im Zentrum steht. Der 25 Meter hohe Turm in hübscher, rot-weiß gestreifter Optik wurde 1912/1913 errichtet und steht unter Denkmalschutz, ist aber immer noch in Betrieb. Man findet den Leuchtturm an der Hafeneinfahrt und gegenüber dem **Museumshafen**. In diesem liegen nicht nur liebevoll restaurierte Schiffe vor Anker – beispielsweise der alte Seenotretter »Rickmer Bock« oder der älteste noch fahrtüchtige Krabbenkutter »Fahrewohl« – auch ein alter Lastenkran ist noch vorhanden oder der schmucke Flaggenmast, an dem tagsüber Bundes-, Landes-, Kreis-, Orts- und Vereinsfahnen gehisst werden. Das alte Molenfeuer auf dem Ankerplatz und der Ankerfriedhof zeugen von der maritimen Vergangenheit. Am Museumshafen befindet sich das **Museum am Meer**, in dem Besucher einen Einblick in den Alltag der Küstenfischer, in die Krabbenverarbeitung und in die Entwicklung Büsums als Touristenort erhalten. Man kann eine Krabbensiebanlage besichtigen und in einem Ruderhaus einen Film anschauen und dabei eine Fahrt auf See nacherleben. Das Museum ist mit den vielen interaktiven Elementen spannend gestaltet. Im Außenbereich liegt ein Spiegelkutter aus dem Jahr 1920.
Der Museumshafen ist eines von vier Hafenbecken Büsums und liegt von allen der **Innenstadt** am nächsten. Verwinkelte Gassen dominieren das Stadtbild. Im Zentrum kann man in der Fußgängerzone **Alleestraße**, die sich vom Strand bis zum Brunnenplatz entlangzieht, shoppen, in Restaurants und Cafés einkehren oder einfach nur bummeln. In der Innenstadt, am Kaiser-Wilhelm-Platz, befindet sich das Rathaus, ein denkmalgeschützter und von einem Park umgebener, zweigeschossiger Backsteinbau mit neobarocken Elementen. Dem Rathaus gegenüber

ROUTE 6

START- UND ENDPUNKT
Büsum und Glückstadt

STRECKENLÄNGE
139 km

FAHRZEIT
6 bis 8 Tage

BESTE JAHRESZEIT
Mai bis September

Start
Büsum
Museumshafen
Fußgängerzone
Alleestraße
Ausflugsfahrten nach Helgoland
Koogstraße
Hauptstraße
Hafenstraße
B203 31 km
Meldorfer Bucht

liegt die evangelische **St.-Clemens-Kirche** aus dem 15. Jahrhundert. Sehenswert ist das Innere des Gotteshauses, das eine Fülle von Kunstwerken schmückt, beispielsweise die Bronzetaufe aus dem 13. Jahrhundert, ältestes Stück der Kirche, oder der Altar von 1712 mit Abendmahl, Kreuzigung, Auferstehung und Himmelfahrt und dem Brustbild Martin Luthers.

Für das Sightseeing in Büsum stehen mehrere **geführte Touren** zur Auswahl. Es gibt beispielsweise einen Hafenbummel mit Museumsführung, dabei erfährt man einiges über die Fischerei, die Schifffahrt und die Büsumer Geschichte(n). Oder den kleinen Ortsrundgang, der vor allem eine humorvolle und fachkundige Entdeckungstour ist. Auch Rad- und Wattführungen stehen auf dem Programm, hierfür kann man sich an die Touristeninformation wenden. Aber natürlich werden in einem so bedeutenden Hafenort auch **Ausflugsfahrten mit dem Schiff** der Reederei Adler angeboten. Büsum ist beispielsweise Abfahrtsort für einen Besuch der Insel **Helgoland**, Deutschlands einzige Hochseeinsel. Eine Fahrt zur **Seehundsbank** ist immer ein beeindruckendes Erlebnis, denn hier wird eine der größten Seehunds-

AUSFLUG

SIGHTSEEING PER KRABBEN-EXPRESS

Einen Überblick über Büsum entlang aller Sehenswürdigkeiten gibt es bei einer Fahrt mit der Kleinbahn Krabben-Express. Mit der nostalgischen Bimmelbahn geht es unter anderem über das Hafengelände. Die Bahn verkehrt auf drei Linien – Linie 1 fährt innerhalb Büsums, Linie 2 schließt den Nachbarort Deichhausen mit ein und Linie 3 fungiert als Zubringerdienst zu den Helgolandschiffen. Linie 1 ist mit der Gästekarte kostenlos, alle anderen Preise und Fahrzeiten findet man unter krabben-express.de.

bänke an der deutschen Nordseeküste angesteuert – sie befindet sich etwa 20 Kilometer vor Büsum und man kann bis zu 100 Seehunde aus geringer Distanz vom Schiff aus beobachten. Das **Strandleben** spielt sich in Büsum westlich des Hafens ab. Der **Büsumer Hauptstrand** ist ein Grünstrand, zahlreiche Strandkörbe reihen sich auf gepflegtem Rasen aneinander. Wer Sandstrand bevorzugt, ist gut bei der »Familienlagune Perlebucht« auf der **Watt'n Insel** aufgehoben mit Beachvolleyball, Wassersport und Baden inmitten einer modellierten Dünenlandschaft, aber auch naturbelassenen Gebieten. Das kleine vorgelagerte Inselchen befindet sich südwestlich des Grünstrandes. Egal, an welchen Strand es gehen soll – Deichkrone und Watt sind jeweils über Treppen und Rampen erreichbar.

Apropos Deich: Ein recht ungewöhnliches Museum ist das **Büsumer Freilicht-Deichmuseum** nördlich der Watt'n Insel. Hier taucht man ein in die Deichgeschichte der letzten 9000 Jahre. Das geschieht mittels drei nachgebildeter Deiche aus den Jahren um 1200, um 1600 und um 1800 – man sieht daran sehr gut, wie sich der Deichbau entwickelt hat. Das Schau-Aquarium **Büsumer Meereswelten** ist derzeit wegen Umbauarbeiten geschlossen und wird voraussichtlich im Sommer 2023 am neuen Standort Fischereihafen 19 neu eröffnet werden.

Bitte entspannen! Über 2000 Strandkörbe zieren den Grünstrand von Büsum.

ERLEBNIS MELDORFER BUCHT

Von Büsum in Richtung Süden erwartet uns für einen nächsten Stopp die Stadt Friedrichskoog. Nahe der Küste und auf schmalen Straßen sind es 43 Kilometer, die wir dafür an der **Meldorfer Bucht** entlangfahren. In der Mitte der Bucht sollte man unbedingt Station machen, denn sie ist ein wahres Naturparadies mit zwei Naturschutzgebieten (»Kronenloch« und »Wöhrdener Loch«) und einem Badebereich, wo man segeln oder kitesurfen kann. Ein kleiner Jachthafen mit zwei Segelvereinen, ein paar Wohnmobilstellplätzen und einem Wasserspeicherbecken als Surfsee bilden die Basis hierfür. Wer kurz innehalten und weite, unberührte Natur genießen möchte, wird sich an der Meldorfer Bucht sehr erfreuen. Das Kleinod ist ein Geheimtipp: wunderschön, nicht überlaufen und mit vielen Möglichkeiten der Freizeitgestaltung.

Meldorfer Bucht
Mückenweg
Kaiserin-Auguste-Victoria-Koog
12 km
Friedrichskoog
Grinstrand
Friedrichskoog-Spitze
Nationalpark-Haus
B5 Friedrichskoog
Trischenbake
Friedrichsköger Straße
Helserdieker Strot
25 km
Brunsbüttel

Die NABU-Nationalparkstation Wattwurm (deren Äußeres der Form eines Wattwurms entspricht) informiert in einer interaktiven Ausstellung über die Gegend und den Speicherkoog, in dem sich das Haus zwischen dem Neuen Meldorfer Hafen und der Badestelle Elpersbüttel befindet. Der Speicherkoog entstand nach der Kompletteindeichung an der Meldorfer Bucht. Zwischen Surfersee und Deich befinden sich wunderschöne Wohnmobilstellplätze (ohne Schatten allerdings, aber mitten in der Natur) mit WC und Bistro.

Nach unserem Zwischenstopp nehmen wir endgültig Kurs auf Friedrichskoog, gelegen am Südzipfel der Meldorfer Bucht. Der kleine Ort nimmt die Fläche einer kleinen Nordseehalbinsel ein und damit liegt der Fokus ganz klar auf allem, was mit Wasser zu tun hat. Von Friedrichskoog aus kann man mit dem Katamaran nach Helgoland und Amrum fahren oder eine Schifffahrt mit dem Krabbenkutter unternehmen. Über alle Angebote informiert der Tourismus-Service Friedrichskoog.

SPECIAL

WAS IST EIN KOOG?

Auf unserer Reise durch Schleswig-Holstein ist uns schon öfter der Begriff »Koog« begegnet. Jetzt, da wir einen Ort mit diesem Namenszusatz besuchen, wird es Zeit für eine Erklärung: Koog nennt man an der Westküste des Bundeslandes ein durch einen Deich aus den Seemarschen gewonnenes Stück Land. Das heißt, durch den Bau eines Deiches wurde dem natürlichen Meeresfluss Marschland entzogen, das anschließend aktiv entwässert wurde. Es ist eine Form der Landgewinnung. In der ursprünglichen deutschen Schreibweise »Kog« bedeutete es »hohes Land vor dem Deich«.

VIEL NATUR IN FRIEDRICHSKOOG

Der Ortsteil Friedrichskoog-Spitze bezeichnet den Grünstrand mit verschiedenen Strandabschnitten am Deich – es gibt Bereiche für sportlich aktive Badegäste, für Familien mit Kindern, für Hundebesitzer, für FKK-Freunde und für Ruhesuchende. Neben der Vermietung von Strandkörben steht von Mai bis September eine zentrale Strand-Info zur Verfügung, bei der man sich über aktuelle Veranstaltungen, Ausflugsziele und anderes informieren sowie Strandspielzeug für die Kinder ausleihen kann.

↑ Unbedingt einen Abstecher wert ist die Meldorfer Bucht. ↓ Herrlicher Sonnenuntergang im Ortsteil Friedrichskoog-Spitze

Eine entspannende Radtour führt rund um Friedrichskoog.

Die **Seehundstation Friedrichskoog** bietet verlassenen oder erkrankt aufgefundenen Seehunden und Kegelrobben ein Zuhause – es ist die einzige Aufnahmestation dieser Art in Schleswig-Holstein. Naturnah werden die Seehunde hier dauerhaft gehalten, die nicht mehr ausgewildert werden können (beispielsweise, weil sie in Gefangenschaft geboren wurden). So kann man die Tiere in den schön angelegten Becken beobachten, bei Fütterungen zuschauen oder Vorträge hören. Vielfältige Informationen und multimediale Angebote erhält man im »Informationszentrum Seehund« und in der »Erlebnisausstellung Robben der Welt«. Zur Seehundstation gehört auch die **Trischenbake**, eine Aussichtsplattform, von der aus man einen Gesamtblick auf die Anlage hat.
Was es mit dem Trischendamm auf sich hat, erfährt man anhand einer Informationstafel am **Lehrpfad Trischendamm**: Nachdem ein großer Priel den Deich bei Friedrichskoog-Spitze unterspült hatte, wurde aus Tausenden Tonnen Steinen zur Umlenkung der Strömung ein Leitdamm errichtet. Zehn Kilometer vom Festland entfernt kann man bei guter Sicht die Insel Trischen sehen. Sie hat sich aus Sandbänken entwickelt und verändert sich nicht nur ständig, sondern nähert sich auch der Küste. Auf der Insel existiert ein wahres Vogelparadies.
Im Infozentrum der **Nationalpark-Station Friedrichskoog** im Haus des Kurgastes erfährt man in der naturkundlichen Ausstellung einiges über das Leben im Wattenmeer, die ökologische Bedeutung der Salzwiesen und die Vogel- und Pflanzenwelt der Nordsee-Küstenregion. Und damit das Thema Watt auch hautnah erlebt werden kann, bietet sich eine geführte **Wattwanderung** an. Die wichtigsten Tiere – Herzmuschel, Wattwurm und Strandkrabbe – sowie typische Watt-Pflanzen werden gezeigt und erklärt, während man 1,5 Stunden lang auf dem Meeresboden spazieren geht. Auskunft gibt die Nationalpark-Station, Treffpunkt ist in der Koogstraße am Badeturm.
Alle interessanten und vor allem historischen Plätze in Friedrichskoog tummeln sich auf einer »Friedrichskoog historisch« genannten **Radtour**, die 27,4 Kilometer lang ist und lediglich sechs Höhenmeter beinhaltet. Startpunkt ist die Deichpassage in Friedrichskoog-Spitze. Richtung Osten vorbei am Badestrand geht es auf dem Strandweg nach Edendorf. Am Rugenorter Loch stößt man auf den Rest eines früheren Priels, der hier durch den Deich eingedämmt wurde. Am Norderdeich entlang radelt man zwischen dem Kaiserin-Auguste-Viktoria-Koog (linker Hand) und dem Friedrichskoog (rechter Hand) nach Südosten, trifft auf eine Allee und folgt nach Süden der Deichlinie. Nach dem »Drei-Köge-Eck« und dem Dieksanderkoog gelangt man schließlich zurück nach Friedrichskoog und am Meer entlang in nördliche Richtung zum Hafen. An der Seehundstation kann man einen Stopp einlegen. Am Seedeich entlang und am Trischendamm vorbei ist dann der Startpunkt wieder erreicht.

Nach all den Naturerlebnissen verlassen wir Friedrichskoog weiter in Richtung Süden. Zwar wenden wir uns noch nicht gänzlich von der Nordseeküste ab, jedoch liegt unser nächstes Ziel, Brunsbüttel, nicht ganz an der Küste von Schleswig-Holstein. Wir haben es trotzdem noch einmal mit viel Wasser zu tun, mit besonders viel Wasser sogar, denn die Industrie- und Hafenstadt liegt an der Mündung des Nord-Ostsee-Kanals in die Elbe. Der wichtigste Seehafen der Nordsee-Westküste befindet sich in Brunsbüttel.

DIE SCHLEUSENSTADT

Brunsbüttel, im Dreieck von Nordsee, Elbe und Nord-Ostsee-Kanal gelegen, wird »Die Schleusenstadt« genannt. Auf ganz andere Art, als ansonsten an Nord- und Ostsee üblich, geht es hier zu. Man kann Container- und Kreuzfahrtschiffe aus der ganzen Welt betrachten – das ist sehr beeindruckend. Im Süden und Osten wird der Ort von Wasser umgeben, die Dithmarscher Landschaft im Norden und Westen ist geprägt von Kohlfeldern und Schäfchenwiesen. Die **Schleusenanlage** auf dem Nord-Ostsee-Kanal ist eine der größten der Welt und spielt in derselben Liga wie die Schleuse im Panama-Kanal. Sie besteht aus der Kleinen Schleuse und der Großen Schleuse mit je zwei Kammern, eine fünfte Kammer ist in Bau. Mit Baubeginn wurde ein Informationszentrum errichtet – hier machen die Gästeführer bei den Schleusenführungen halt, um den Bau einer Schleusenkammer zu erläutern. Ein Schleusenvorgang dauert etwa 45 Minuten und gleicht den unterschiedlichen Wasserstand von Elbe und Kanal aus.
Praktischerweise befindet sich das **touristische Zentrum** Brunsbüttels an der Schleusenanlage. Die Tourist-Info liegt neben dem **Kanalmuseum ATRIUM**, das sich wiederum an der Nordseite des NOK befindet. Schautafeln, Schiffsmodelle, Landschafts- und Funktionsmodelle, technische Objekte, Videofilme und historische Exponate stellen Bau, Betrieb und Bedeutung der meistbe-

Die Attraktion in Brunsbüttel ist die Schleusenanlage.

↑ Sehenswert sind die Häuser im Beamtenviertel. ↓ Die Jakobuskirche ist eine barocke Saalkirche.

SPECIAL

DER NORD-OSTSEE-KANAL

Der bedeutsame Nord-Ostsee-Kanal (international als »Kiel Canal« bezeichnet, abgekürzt oft NOK) verbindet auf einer Länge von 98,26 Kilometern die Nordsee mit der Ostsee und verläuft zwischen Brunsbüttel und Kiel. Nach der Grundsteinlegung im Jahr 1887 erfolgte 1895 die Eröffnung der kleinen Doppelschleusen und 1914 die der großen. Die weltweit meistbefahrene künstliche Wasserstraße für Seeschiffe durchquert verschiedene Landschaften und passiert interessante Städte. Zehn Brücken überspannen den Kanal, von denen aber nur wenige für Fußgänger und Radfahrer zugelassen sind. Dennoch ist er ein Anziehungspunkt: Man kann am Kanal entlang joggen, wandern oder Rad fahren und natürlich die großen Containerschiffe, Kreuzfahrtschiffe und Luxusliner bestaunen.

fahrenen künstlichen Wasserstraße der Welt dar. Das Museum verfügt außerdem über zwei Aussichtsplattformen und einen Rundweg, hier kann man den täglichen Schiffsverkehr beim Ein- und Ausschleusen beobachten. Es werden außerdem Führungen angeboten.

Unweit des Museums gelangen wir zur **Schleusenmeile**, einer Promenade am Kanal mit Fischbrötchenbuden, maritimem Erlebnisspielplatz für die kleinen Gäste und einem Monitor für die Großen am Gustav-Meyer-Platz, auf dem man in Echtzeit die Schiffe in der Schleuse und auf dem NOK sehen kann – das ist sehr spannend! Am Aufgang zu den Schleusen ist das moderne Touristenbüro erste Anlaufstelle für alle Fragen zur Stadt. Hier ist auch der Treffpunkt der empfehlenswerten Schleusenführungen und außerdem gibt es einen weiteren Monitor zur Beobachtung der Schiffe in der Schleuse. Von der Promenade aus pendelt zwischen Brunsbüttel-Nord und -Süd eine kostenlose **Fähre** für Autos, Fußgänger und Radfahrer. Auf dem Schiff hat man Gelegenheit, aus einer ganz anderen Perspektive auf die Schleusen und den Kanal zu blicken. Auf der Südseite hat man von der Mole 1 einen besonders guten Blick auf die Nordsee, die Elbe und die Schleusen zugleich.

Auch der **Elbhafen** darf nicht vernachlässigt werden, denn schließlich macht seine Lage an der Unterelbe und am Nord-Ostsee-Kanal den Hafen zu einem wirtschaftlichen Knotenpunkt. Man kann sich auf eigene Faust ein Bild vom täglichen Geschehen in einem der größten Seehäfen Deutschlands machen oder dies im Rahmen eines 90-minütigen Spaziergangs über das Hafengelände tun. Die Führungen sind kostenlos, Spenden für die Seemannsmission sind willkommen.

Die Leuchtfeuer der Vergangenheit heißen Molen und markieren die Einfahrt von der Elbe in den Nord-Ostsee-Kanal. An Mole 4 befindet sich ein solches historisches **Leuchtfeuer** im Molenkopf in rot-weißer Optik.

Apropos historisch: Wenden wir uns ab vom Wasser und hin zum kleinen **historischen Ortskern**, der sich weitläufig um den Markt herum erstreckt. Hier spürt man die Vergangenheit. Die schöne Architektur mit den gepflegten Fachwerkhäusern versprüht norddeutschen Charme. Die ältesten Häuser stammen aus dem 18. Jahrhundert – die Stadt ist eigentlich deutlich älter, allerdings hielten nicht viele Häuser den Sturmfluten stand. Im Mittelpunkt steht die 1687 erbaute Jakobuskirche, deren Holzaltar besonders sehenswert ist. Er stammt aus dem sogenannten Knorpelbarock und ist einzigartig in Norddeutschland. Im Ortszentrum finden wir auch das Heimatmuseum, das sich unter anderem der Zeit widmet, als in Brunsbüttel Walfang betrieben wurde. Man kann sich außerdem über den Schiffbau und die Schifffahrt auf der Elbe und auf dem Kanal informieren und in einem nachgestellten historischen Klassenzimmer Platz nehmen. Das kostenlos zugängliche Museum bietet auch eine Galerie für Ausstellungen zum Thema Brunsbüttel oder maritimes Kulturgut.

Noch einmal in die Geschichte der Stadt hineinschnuppern kann man im **historischen Beamtenviertel**. Kaiser Wilhelm war es, der vor rund 100 Jahren die großen Schleusenkammern des Kanals erbauen ließ. Für die Kanalbeamten wurde eine Siedlung nach der englischen Gartenstadt-Idee angelegt, die heute noch fast vollständig erhalten ist und in unmittelbarer Nähe zu den Schleusen liegt. Schöne Gebäude mit eindrucksvoller Architektur sind der Blickfang des Viertels. Viele Häuser mit ihren Holzkonstruktionen und Fachwerkelementen, die für Schleswig-Holstein ungewöhnlich sind, den ausladenden Dächern und den prächtigen Vorgärten stehen unter Denkmalschutz. Ein Spaziergang durch das historische Beamtenviertel ist sehr lohnenswert!

Brunsbüttel
Nord-Ostsee-Kanal
imposante Schleusenanlage
Schleusenmeile
B5 Elbhafen
29 km
Itzehoe

AKTIV IN BRUNSBÜTTEL

Schöne Rad- und Wanderwege rund um Brunsbüttel verlocken auch zu einem längeren Aufenthalt als nur zu dem der Stadt- und Schleusenbesichtigung. Eine eindrucksvolle Fahrradtour, die die attraktiven Plätze in Brunsbüttel und Umgebung abdeckt, ist die 34 Kilometer lange **Schleusenroute**. Mit Start an der Touristeninformation in Brunsbüttel geht es im Uhrzeigersinn an der Elbe entlang, während man die großen Frachter beobachtet, die in Richtung Hamburger Hafen unterwegs sind. Weiter geht es in nordwestliche Richtung nach Neufeld und von dort ins Landesinnere nach Marne, wo man eine Rast einlegen kann. Wir radeln durchs Landesinnere zurück nach Brunsbüttel mit einem Stopp an der Schleuse des Nord-Ostsee-Kanals. Zuletzt schauen wir uns das

Maritime Schleusenmeile am Kanal

Leuchtfeuer bei Mole 4 an, bevor wir wieder den Ausgangspunkt erreichen.
Wer die Wanderschuhe schnüren und auch dabei an möglichst vielen Attraktionen von Brunsbüttel vorbeikommen möchte, kann dies auf der **Entdeckungsrunde maritimes Brunsbüttel** tun. Knapp zwei Stunden sollte man für die 7,3 Kilometer lange Tour einplanen, die am Freizeitbad LUV im Zentrum von Brunsbüttel ihren Ausgangspunkt hat. Über Schotter-, Fußgänger- und Deichwege wandern wir entlang der Braake, des Nord-Ostsee-Kanals, der Kanalschleusen und des Elbdeichs. Man hat einen tollen Blick auf die Elbe und die Schleuse. Wir kommen unter anderem vorbei am alten Hafen, an einer Aussichtsplattform und am Kanalmuseum ATRIUM. Mit den beiden Restaurants »Zur Kajüte« und »Torhaus« gibt es unterwegs zwei Einkehrmöglichkeiten.

ITZEHOE AN DER STÖR

Wir verlassen Brunsbüttel über die B 5, der wir in westliche Richtung 29 Kilometer weit nach **Itzehoe** folgen. Itzehoe zählt zu den ältesten Städten Schleswig-Holsteins und erstreckt sich auf beiden Seiten des Flusses Stör. Der Grundstein für die Stadt wurde 1238 gelegt, als der Schauenburger Graf Adolf IV. am Fuß seiner Burg in einer Störschleife eine Siedlung errichtete. Heute ist von der mittelalterlichen Vergangenheit nichts mehr zu sehen, da die Schweden die Altstadt 1657 fast vollständig zerstörten. Die meisten Häuser stammen aus dem späten 17. oder frühen 18. Jahrhundert, wie zum Beispiel das historische Rathaus und die evangelische St.-Laurentii-Kirche. Die ältesten Abschnitte des **historischen Rathauses** datieren auf Ende des 17. Jahrhunderts. Die **Stadtkirche St. Laurentii** wurde 1716 bis 1718 als barocker Backsteinsaalbau mit Zwiebelturm errichtet. Sehenswert ist der barocke Altar, der 24 Szenen aus dem Alten und Neuen Testament mit zum Teil frei im Raum stehenden Figuren zeigt. In der Gruft stehen einige Särge, die mehrere Jahrhunderte alt sind. Den 80 Meter hohen Kirchturm kann man besteigen, man wird für die Mühe mit einem schönen Panoramablick belohnt.

Von Itzehoe aus ist es ein schöner Ausflug zur Bismarcksäule.

Neben der Kirche bewundern wir den Klosterhof mit Fachwerkhäusern, Grünanlagen und einem großen Teich. Ursprünglich als Zisterzienser-Nonnenkonvent gegründet, wurde das heutige Gebäudeensemble mit einem Teil des gotischen Kreuzgangs nach der Reformation und einer fast vollständigen Zerstörung **Adeliges Kloster** genannt. Wenige Schritte westlich der Kirche ist das **Kreismuseum Prinzeßhof** in der Kirchenstraße, eines der ältesten Gebäude der Stadt. Dort residierten von 1810 bis 1941 drei Prinzessinnen, die jeweiligen Äbtissinnen des Klosters. Das Kreismuseum bietet in der Dauerausstellung Informatio-

Itzehoe
Lage am Fluss Stör
Häuser aus dem 17./18. Jahrhundert
Adeliges Kloster
Kreismuseum Prinzeßhof
B77
B431
Kamper Weg
Dorfstraße
An der Bahn
21 km
Glückstadt
historischer Marktplatz
Detlefsen-Museum

Der Prinzeßhof oder auch Thienenhof ist ein ehemaliges Adelspalais.

Tipp

STADTSPAZIERGÄNGE

Das Stadtmanagement Itzehoe hat schöne Spaziergänge zusammengestellt, mit denen man Itzehoe und das Umland ausführlich kennenlernen kann. Der Stadtspaziergang umfasst einige der oben vorgestellten Sehenswürdigkeiten und weitere, wie beispielsweise das Alte Katasteramt oder das Wenzel-Hablik-Museum. Zwei Waldspaziergänge außerhalb der Stadt führen unter anderem zum Bismarckturm, zur Itzequelle oder durch den Stadtforst Itzehoe. Bei der Touristeninformation kann man nach dem Flyer mit Beschreibungen der Touren fragen.

nen zur Geschichte des Kreises Steinburg, dessen Kreisstadt Itzehoe ist. Daneben gibt es wechselnde Sonderausstellungen und ein Rahmenprogramm. Vor dem Gebäude erstreckt sich die sehr schöne Grünanlage **Prinzeßhof Park**.

Auch der einstige Reichskanzler Otto von Bismarck hat sich in der Stadt verewigt: Östlich des Stadtzentrums befindet sich der **Bismarckturm** (auch Bismarcksäule genannt), ein zu Ehren des Reichskanzlers errichtetes Denkmal und eines der Wahrzeichen von Itzehoe. Der 18 Meter hohe Aussichtsturm mit quadratischem Grundriss ragt aus dem Wald Lübsches Gehölz heraus und wurde auf einem alten Hünengrab erbaut. Ein gut ausgeschilderter Rundweg führt vom großen Wanderparkplatz an der B 206 auf einer Länge von zwei Kilometern am Turm vorbei. Ein kurzer Abstecher nach **Heiligenstedten** südwestlich von Itzehoe bringt uns zu der

Klappbrücke über die Stör mit Brückenwärterhaus. 1392 verband erstmals ein Steg über die Stör beide Teile Heiligenstedtens, 1442 erfolgte der Bau der ersten Brücke. Daraus wurde 1777 eine Holzklappbrücke und 1967/68 schließlich die jetzige Klappbrücke. So schön die Brücke anzuschauen ist, für den Verkehr ist sie ein Nadelöhr.

Itzehoe genießt den Ruf einer fahrradfreundlichen Stadt und ist damit ein guter Ausgangspunkt für Radtouren. Eine schöne **Wiesen- und Waldtour** entführt uns in die Störmarschen und zur Störniederung. Die Fahrradtour ist 25,7 Kilometer lang, hat 170 Höhenmeter und man sollte dafür 1,5 bis 2 Stunden einplanen. Zuerst radeln wir durch Itzehoe, vorbei auch an einigen der beschriebenen Sehenswürdigkeiten. Wir sind im Uhrzeigersinn unterwegs und richten uns zunächst gen Nordosten. Nur zu Beginn geht es bergauf, und das ganz gemächlich. Nach einer Wiesenlandschaft ist ein Wald erreicht, in dessen Mitte der Lohmühlenteich wartet, ein herrliches Naturbad, in dem man im Sommer schwimmen kann – Badesachen also nicht vergessen! Danach radeln wir durch den Ort Hohenlockstedt, den Umkehrpunkt der Tour. Zurück nach Itzehoe geht es über die Störniederung – zur einen Seite die Stör, zur anderen der Wald. Nähere Informationen zur Route gibt es in der Touristeninformation oder auf der Webseite mein-itzehoe.de.

BEZAUBERNDES GLÜCKSTADT

Wenn ein Ort schon einen so schönen Namen hat, kann er ja nur hübsch sein! Maritim an der Elbe liegt **Glückstadt**, trotz seiner nur 12 000 Einwohner in ganz Norddeutschland bekannt und wahrlich ein Bilderbuchort. Die prachtvollen Renaissancebauten prägen die charmante Stadt, die Fischspezialität Matjes ist das kulinarische Highlight und die Glücksgöttin Fortuna im Stadtwappen ist Garantin für einen wunderbaren Aufenthalt. Der **historische Stadtkern** steht zum großen Teil unter Denkmalschutz, viele Gebäude im Renaissancestil stammen noch aus der Gründungszeit der Stadt. Am besten in sich aufnehmen kann man die ganze Schönheit der Stadt bei einem Bummel vom Binnenhafen, der mit einer tollen historischen Häuserzeile gesäumt ist, zum Marktplatz. Der gepflasterte, historische **Marktplatz** ist das Herzstück von Glückstadt. Dienstags und freitags findet von 8 bis 12 Uhr der Wochenmarkt statt mit einem großen Angebot an frischen Blumen, Obst, Gemüse, Wurst, Käse und Backwaren – aus der Region, aber es gibt auch internationale Spezialitäten. Doch auch ohne Markt erfreut man sich an den gepflegten Fassaden. Das Rathaus mit seiner roten Backsteinfront befindet sich ebenso am Marktplatz wie die Stadtkirche, das älteste und bedeutendste Bauwerk der Stadt. An der schmalen Turmhaube der Kirche ist das Stadtwappen angebracht, das die leicht bekleidete Fortuna ziert.

Aufmerksame Beobachter erkennen es beim Stadtbummel: Glückstadt hat den

Viele Kleinigkeiten machen Glückstadt zu einem schnuckligen Ort.

Grundriss eines Sechsecks. Zwölf gerade Radialstraßen laufen auf den Marktplatz zu und Querverbindungen an den jeweiligen Endpunkten ergeben ein Sechseck. Damit hebt sich Glückstadt von anderen mittelalterlichen Städten mit ihren verwinkelten Gassen deutlich ab, alles wirkt sehr gepflegt und aufgeräumt. Der Entwurf der Stadt auf dem Reißbrett wurde im 17. Jahrhundert von Christian IV., König von Dänemark und Herzog von Schleswig-Holstein, beauftragt. Dabei legte er große Ziele für die Stadt fest: »Dat schall glücken und dat mutt glücken und denn schall se ok Glückstadt heten!« (Das soll glücken und das muss glücken und dann soll sie auch Glückstadt heißen!), soll er der Überlieferung zufolge gesagt haben. Um den Handel zu fördern, wurden wohlhabende und geschäftstüchtige Bürger in die Stadt gelockt, sodass Glückstadt eine wirtschaftliche Blütezeit erlebte. Wer sich intensiver mit der Geschichte der Stadt beschäftigen möchte, kann dies im **Detlefsen-Museum** im Brockdorff-Palais tun.

Tipp

MATJESWOCHEN

Wer Anfang/Mitte Juni in der Gegend ist, sollte sich keineswegs die Glückstädter Matjeswochen entgehen lassen. Man kann sich dann nicht nur durch die verschiedenen Varianten des Silberlings probieren, sondern im Rahmen eines großen Sommerfestes Livemusik am Marktplatz hören, an Bord eines Schiffes an der Hafenpromenade gehen oder eine Fahrt auf der Elbe unternehmen. Es gibt zahlreiche Attraktionen für jedes Alter und auch Lehrreiches steht auf dem Programm, beispielsweise wird historische Landtechnik gezeigt. Nähere Auskünfte bei der Touristeninformation oder unter glueckstadt-tourismus.de/glueckstaedter-matjeswochen.

Das Thema **Matjes** prägt das Gesicht der Stadt maßgeblich. Warum ist Glückstadt so sehr für Matjes berühmt? Die Glückstädter selbst sagen: weil die Heringe so zart und lecker sind. Das scheint zutreffend, denn hier

Das Schmuckstück von Glückstadt ist der Marktplatz.

Jede Straße ist es wert, dass man sie entlanggeht.

gibt es sie noch nach alter Tradition: Nur junge Heringe mit einem idealen Fettgehalt werden in Glückstadt zu Matjes verarbeitet. Zuerst wird der Hering in Handarbeit filetiert, dann findet die natürliche und enzymatische Reifung statt und zuletzt ist die traditionelle Rezeptur dafür verantwortlich, dass die deutschlandweit beliebte Delikatesse mit dem Gütesiegel der Landwirtschaft ausgezeichnet wurde. Matjes gibt es in Glückstadt in allen Variationen – als Klassiker nach Hausfrauenart mit Zwiebelringen, Apfelscheiben und Gewürzgurken, kreativ mariniert in Rotweinlake oder Curry-Bananen-Sauce oder ganz einfach als leckeres Fischbrötchen. Rund um den Marktplatz und am Hafen kann man sich den auf vielfältige Weise zubereiteten Matjes in vielen gemütlichen Restaurants munden lassen. Umgeben wird das malerische Glückstadt von den Elbmarschen, wo Obst und Gemüse angebaut werden, dem Elbbadestrand in Kollmar elf Kilometer südlich und der Störmündung. Da sich die Elblandschaft rund um Glückstadt gut mit dem Fahrrad erkunden lässt, führen verschiedene **Glücks-Routen** in allen Längen und mit unterschiedlichen thematischen Schwerpunkten von Glückstadt aus in alle Richtungen. Alle Touren mit Beschreibungen findet man unter gluecks-routen.de/radtouren. Wer kein Fahrrad dabeihat, kann rund um Glückstadt an mehreren Fahrradverleihen einen Drahtesel mieten. Wie könnte man eine Tour besser beschließen als mit so vielen Glückserlebnissen?

PRAKTISCHE HINWEISE

TOURISTINFORMATIONEN

Tourist-Information Büsum
Südstrand 11, 25761 Büsum, Tel. 04834/90 90, buesum.de/wattn-hus/tourist-information

Tourismus-Service Friedrichskoog
Koogstr. 141, 25718 Friedrichskoog, Tel. 04854/21 90 10, friedrichskoog.de

Tourist-Info Brunsbüttel
Gustav-Meyer-Platz 2, 25541 Brunsbüttel, Tel. 04852/39 11 86, schleusenstadt-brunsbuettel.de

Tourismus-Information Itzehoe
Breite Str. 4, 25524 Itzehoe, Tel. 04821/949 01 20, mein-itzehoe.de

Touristinformation Glückstadt
Große Nübelstr. 31, 25348 Glückstadt, Tel. 04124/93 75 85, glueckstadt-tourismus.de

KARTEN

Kartenwerk Sehkarte: Seekarte Westküste Schleswig-Holstein. Ausflugsziele, Leuchttürme und Nationalpark Wattenmeer. Tipps für Trips entlang der schleswig-holsteinischen Nordseeküste.

Kommunalverlag Tacken: Nordfriesland Kreis mit Sylt, Amrum, Föhr und Halligen, KVplan, Radkarte/Freizeitkarte/Wanderkarte 1:60 000.

CAMPING- UND STELLPLÄTZE

C 600 **Campingplatz am alten Seedeich** (S. 201 G4)
Westerkoog 19, 25761 Hedwigenkoog, Tel. 04834/96 26 23, alterseedeich.de
GPS: 54.178135, 8.820472
Nördlich der Innenstadt von Büsum gelegener, traumhaft schöner, kleiner und liebevoll gepflegter Campingplatz. Sehr große, durch Hecken voneinander getrennte Stellplätze mit viel Grün. Wasser, Abwasser und Strom befinden sich jeweils am Platz. Eine Waschmaschine ist vorhanden. Sanitäranlagen sind in herausragend gepflegtem und modernem Zustand. Der Deich beziehungsweise das Meer sind fünf Minuten zu Fuß entfernt, Büsum mit dem Fahrrad ungefähr 20 Minuten. Nette Betreiber, sehr familiär.

C 601 **Camping Nordsee** (S. 201 G5)
Dithmarscher Str. 41, 25761 Büsum, Tel. 04834/962 11 70, camping-nordsee.de
GPS: 54.137468, 8.842871
Im Stadtgebiet von Büsum gelegener Campingplatz hinter dem Deich, saubere Sanitäranlagen, gepflegter Platz. Unterteilt in parzellierte Rasenplätze, befestigte Reisemobilplätze und einen Reisemobilhafen vor der Schranke des Platzes. Unmittelbare Nähe zum Strand auf der Watt'n Insel. Alle Parzellen mit Strom, WLAN vorhanden,

Unglaublich schöner Campingplatz am alten Seedeich

Familiär geht's zu auf dem Campingplatz am Nordseedeich.

Brötchenservice gibt es über das Restaurant am Platz. Am Deich entlang braucht man mit dem Fahrrad ins Zentrum von Büsum fünf Minuten.

C 602 Camping am Nordseedeich (S. 205 E2)
Süderdeich 4, 25718 Friedrichskoog,
Tel. 04854/9045819,
camping-am-nordseedeich.de
GPS: 54.02262, 8.85133
Gemütlicher, kleiner und natürlicher Campingplatz, ruhig gelegen zwischen Deich und Feldern und von Bäumen umgeben. Strom, Wasser, Duschen, Toiletten und WLAN vorhanden, außerdem Gasflaschentausch-Service. Sehr nette, hundefreundliche Betreiberin, der das Wohlergehen ihrer Gäste am Herzen liegt. Das Zentrum von Friedrichskoog ist zu Fuß erreichbar. Brötchenservice und kleines Sortiment mit Dingen des täglichen Bedarfs vorhanden; ein gutes Restaurant in Fußdistanz.

C 603 Elbdeichcamp Brunsbüttel (S. 205 F3)
Soesmenhusen 30,
25541 Brunsbüttel,
Tel. 0170/8012330,
elbdeichcamp.de
GPS: 53.889853, 9.10253
Es ist der einzige Campingplatz in Brunsbüttel und ein besonders schöner, kleiner und feiner noch dazu. Auf Rasenuntergrund und im Grünen direkt hinter dem Deich sehr ruhig und idyllisch gelegen. Man kann von hier aus sogar Schiffe schauen. Gute Ausstattung mit Frischwasserversorgung, Ver- und Entsorgung, renoviertem Sanitärhaus, Waschmaschine und Trockner sowie Strom. Der NOK ist vier Kilometer entfernt, ein Bäcker in 600 Metern Entfernung und eine gute Pizzeria wenige Schritte.

C 604 Fährhaus Hodorf
(S. 205 H3)
Dorfstr. 4, 25569 Hodorf, Tel. 01520/9403445,
faehrhaus-hodorf.de
GPS: 53.895954, 9.433382
In der Mitte zwischen Itzehoe und Glückstadt gelegener, kleiner, gemütlicher Campingplatz mit gutem Service und familiärer Atmosphäre hinter dem Deich des Flusses Stör. Die Wohnmobilplätze gruppieren sich um einen Schwimmteich mit Steg, weitere Plätze befinden sich im Obstgarten. Von Maisfeldern umgeben, absolute Stille, nur das Blöken der Schafe schallt über den Platz. Neue Sanitäranlagen, liebevoll und dekorativ angelegter Garten, hilfsbereiter Inhaber. Die bestellten Brötchen werden morgens ans Wohnmobil geliefert. Gut funktionierendes WLAN gibt es auf dem ganzen Gelände. Fahrrad- und Bootsverleih nach Anmeldung. Gasflaschentausch. Ein Geheimtipp!

C 605 Elbdeich-Camping Kollmar (S. 205 H5)
Kleine Kirchreihe 22, 25377 Kollmar, Tel. 04128/300 oder 1379, elbdeich-camping.de/
GPS: 53.723612, 9.502144
Von Natur umgebener, familiär geführter kleiner und feiner Campingplatz zwölf Kilometer südlich von Glückstadt direkt hinter dem Elbdeich. Ein kleiner Hafen und der Elbstrand befinden sich nur knapp einen Kilometer entfernt. Ältere, aber saubere Sanitäranlagen. Großzügig bemessene Stellplätze. Glückstadt ist schnell und gut mit dem Fahrrad erreichbar. Strom und Entsorgung (nur mit biologisch abbaubaren Flüssigkeiten). Günstige Preise.

Ein einzigartiges Erlebnis ist das Strandparken in St. Peter-Ording.

REISEINFOS VON A BIS Z

Das Unterwegssein mit dem Wohnmobil gestaltet sich in Schleswig-Holstein in der Regel sehr entspannt. Damit das auch so bleibt, finden Sie hier die wichtigsten Tipps auf einen Blick.

Windsurfen ist eine beliebte Aktivität, besonders an der Nordseeküste.

AKTIVITÄTEN

Schleswig-Holstein ist vielseitig, für drei Aktivitäten herrschen jedoch besonders gute Bedingungen: Wandern, Radfahren und Wassersport. Für Wanderer und Radfahrer, die es nicht so mit Erhebungen haben, ist das topfebene Bundesland perfekt geeignet. Hier kann man gut Strecke machen auf ausgedehnten Wanderungen und Radtouren rund um die Seen, an der Küste entlang oder durch die endlose Weite des Binnenlandes. Auf gut ausgewiesenen Radwegen geht es über die Deiche, mitunter durch die Städte und auch mal querfeldein. Wanderwege führen durch die Naturschutzgebiete oder haben Themenschwerpunkte. Es ist für jeden was dabei, sowohl Wandern als auch Radeln lässt es sich in allen Längen und Schwierigkeitsgraden.

Und natürlich ist der Wassersport ein großes Thema im Bundesland zwischen den Meeren. Es gibt nichts, was man nicht unternehmen könnte: Vom Tretbootfahren über Surfing und Stand-up-Paddling, Kanufahren, Kitesurfen bis hin zum Segeln bieten Meere und Seen allerbeste Voraussetzungen. Lokale Vermieter stellen das nötige Equipment zur Verfügung, ortsansässige Surf-, Tauch- und Segelschulen bieten Anfängern Schnupper-Erfahrungen und Fortgeschrittenen tolle Erlebnisse.

AUSRÜSTUNG

Je nach geplanten Aktivitäten gehören bei einem Wohnmobilurlaub in Schleswig-Holstein auf jeden Fall Wander- und Fahrradkleidung sowie Outdoor-Funktionsbekleidung ins Gepäck. Aufgrund der flachen Begebenheiten kann man auf Wanderstöcke verzichten und halbhohe Wanderschuhe sind ausreichend. Auch wenn es im Hochsommer auf die Reise geht, sollte man für kühle Witterungsverhältnisse gewappnet sein und Pullover, lange Hosen, eine Mütze und festes Schuhwerk einpacken. Da vor allem die Abende frisch sein können, man aber sicherlich gerne den Tag vor dem Wohnmobil ausklingen lassen möchte, sollte dieses Unterfangen nicht an fehlender Kleidung scheitern. Unabdingbar ist eine Regenjacke, und ein Regenschirm wäre auch nicht verkehrt. Wer wattwandern möchte, dies aber nicht gerne barfuß tut, sollte an Gummistiefel denken.

BADEN

»Pack die Badehose ein …«, sollte das Motto lauten, denn Baden ist eine der Top-Aktivitäten in Schleswig-Holstein. Auch wenn das Bundesland kein Ziel für einen klassischen Badeurlaub ist, so ist das Baden an unzähligen Stellen möglich, natürlich vor allem an den beiden Küsten von Nord- und Ostsee. Die Küstenlinie des schleswig-holsteinischen Wattenmeeres unterliegt allerdings Ebbe und Flut, das Meer steht also nicht immer zum Baden zur Verfügung. Grünstrände mit saftigem Gras, beispielsweise im Dithmarschen (Tour 6), entschädigen aber und tragen zur maximalen Entspannung bei. Nordseestrände wie in Büsum, St. Peter-Ording und Sylt (Tour 5 und 6) sind wahre Traumstrände und bekannt für ihre kilometerlangen Sandstrände. Auch an der Ostsee gibt es Sandstrände, das Meer ist dauerhaft anwesend und die Wassertemperaturen sind etwas höher als an der Nordsee. Flach ins Wasser abfallende Strände und feiner Sand sind die Markenzeichen beispielsweise der Strände von Timmendorfer Strand, Scharbeutz (beide Tour 2) oder Laboe bei Kiel (Tour 3). Die meisten großen Strände – sowohl an der Nord- als auch an der Ostsee – sind von der DLRG bewacht.
Auch an den zahlreichen Seen der Holsteinischen Schweiz (rund um Plön, Eutin und Malente, siehe Tour 3) und anderen Badeseen mit guter Wasserqualität, an den Naturbadestellen und in den Frei- und Erlebnisbädern lässt es sich herrlich planschen und das kühle Nass genießen. Besondere historische Badeanstalten wie die am Eutiner See (Tour 3) laden zum Schwimmen und Sonnenbaden ein.

CAMPINGPLÄTZE

Es ist eine der besten Nachrichten, die man über Schleswig-Holstein vermelden kann: Stell- und Campingplätze sind in allen Größen, Ausprägungen, Ausstattungen und Lagen vorhanden! Für einen Wohnmobilurlaub ist kaum ein Bundesland besser geeignet. Viele Plätze kann man vorab reservieren, was die Planung einfacher macht und die Gefahr mildert, bei Ankunft keinen Platz mehr zu bekommen. In den großen Städten (Lübeck, Kiel, Flensburg) kann man meist auf Stellplätzen unterkommen und die Stadt dann bequem von diesen aus zu Fuß erkunden. Sind auch Campingplätze in Stadtnähe vorhanden, sind sie im Infoteil der jeweiligen Tour grundsätzlich mit aufgeführt.
Das wahre Highlight sind jedoch die Naturplätze am Wasser. Stellplätze mit direktem Wasserzugang sind ebenso vorhanden wie solche mit eigener Badestelle oder einem kurzen Zugang zum Wasser. Besonders liegen auch die Plätze an den Deichen, von denen ebenfalls einige in diesem Buch vorgestellt werden. Der Fokus wurde neben der Naturnähe auf eher kleine, gemütliche und familiäre Plätze gelegt. Die großen, tru-

Einen großen Charme haben die Plätze direkt am Wasser.

beligen Plätze mit Animation, ausgeprägter Infrastruktur und einem hohen Anteil an Dauercampern sind nur in den Regionen benannt, in denen es keine oder wenige Alternativen gibt.
Zu beachten vor allem bei den Campingplätzen an der Nordseeküste ist, dass die Entsorgung oft nicht für Toiletten mit Chemiezusätzen möglich ist. Denn manche Plätze sind nicht an die Kanalisation angeschlossen und verfügen über eigene, biologische Mini-Kläranlagen, deren Funktionsweise durch die Chemikalien zerstört werden würde. Meist wird darauf schon auf der Homepage des Platzes hingewiesen.

KLIMA UND WETTER

Man sollte sich nichts vormachen – das Wetter in Schleswig-Holstein ist eigen. Während Süddeutschland unter extremer Hitze leidet, braucht man in Norddeutschland auch im Juli/August gerne mal lange Hosen und Pullover, sogar an sonnigen Tagen. Mit einer durchschnittlichen Tageshöchsttemperatur von nur 13 Grad ist Schleswig-Holstein eine der kältesten Regionen Deutschlands. Oft ist es kühl und nass, auch im Sommer – wirklich warm oder gar heiß wird es selten. Aufgrund der dann wärmeren Temperaturen ist die beste Reisezeit von Juni bis September. Im August ist auch die Wassertemperatur mit etwa 18 Grad am höchsten. Gleichzeitig ist der August der regenreichste Monat des Bundeslandes, der April bietet die wenigsten Regentage. Die höchste Durchschnittstemperatur in der Region liegt bei 25 Grad im Juli, die niedrigste bei 5 Grad im Januar.

Man tut gut daran, für alle Wetterverhältnisse gerüstet zu sein!

KURTAXE

In den meisten Orten des Bundeslandes wird eine Kurtaxe beziehungsweise Strandnutzungsgebühr erhoben, die zusammen mit der Campingplatzgebühr entrichtet wird. Die Höhe der Kurtaxe ist sehr unterschiedlich und bewegt sich im Durchschnitt zwischen zwei und drei Euro pro Tag. Kurtaxe und Strandnutzungsgebühr sind zweckgebunden – es werden damit Angebote und Serviceleistungen finanziert, zum Beispiel die Rettungsschwimmer an den bewachten Strandabschnitten, Kurkonzerte, sportliche Veranstaltungen oder solche für Kinder, Barrierefreiheit an den Stränden oder Einrichtung und Unterhaltung öffentlicher Sanitäranlagen. Oft sind mit der Kurkarte auch die öffentlichen Verkehrsmittel kostenlos und Ticketpreise für Veranstaltungen sowie Museumseintritte sind ermäßigt.
An Orten, wo man nicht die Kurtaxe mit dem Übernachtungspreis bezahlt, stehen Automaten bereit, an denen man an den Strandaufgängen die Strandgebühr entrichten kann. Oder man bezahlt sie an eigens eingerichteten Kassenhäuschen.
Übrigens schließen sich manchmal auch Gemeinden zusammen, das heißt, mit dem

Von Dänemark geht's für Wohnmobile auch per Fähre nach Sylt.

Erwerb der Kurkarte im Urlaubsort können auch Vergünstigungen im Nachbarort oder in der gesamten Region in Anspruch genommen werden. Die Campingplatzbetreiber geben hier gerne Auskunft.

SYLT PER AUTOZUG

Seit 2020 befördert der blaue Autozug über den Hindenburgdamm Wohnmobile, die bis zu zehn Meter lang sind, nach Sylt. Allerdings können Fahrkarten für Wohnmobile, die länger als sechs Meter sind, nicht online gekauft werden, sondern nur vor Ort am Terminal, wo das Fahrzeug aus Sicherheitsgründen vermessen und überprüft wird. Online reserviert werden muss jedoch der Stellplatz für das Fahrzeug mindestens drei Werktage vor Fahrtantritt unter autozug-sylt.de/de/fahrkarten/camping-auf-sylt/wohnmobil. Für Fahrzeuge unter sechs Meter Länge ist keine vorherige Reservierung erforderlich. Wichtig zu wissen ist auch, dass größere Wohnmobile (länger als sechs Meter und schwerer als drei Tonnen) bei der Verladung etwa 300 Meter rückwärts auf den Zugwagen auffahren müssen. Das setzt geübte Fahrer voraus. Wegen des hohen Verladeaufwands größerer Wohnmobile steht diesen die Zugverbindung um 4.30 Uhr ab Niebüll nicht offen. Die Beförderungsgebühr für ein größeres Wohnmobil mit dem Nachweis einer Campingplatzbuchung auf Sylt wird zu einem ermäßigten Preis von 245 Euro angeboten (Stand 2022). Alle Informationen zum blauen Autozug finden Sie unter autozug-sylt.de.

Eine Alternative zu dem blauen Autozug ist der rote Syltshuttle der Deutschen Bahn. Allerdings ist die Anzahl der Plätze für Wohnmobile begrenzt, daher ist eine Reservierung dringend angeraten. Wohnmobile mit Anhänger werden grundsätzlich nicht befördert. Auch beim Syltshuttle gilt: Je nach Verladetechnik muss beim Be- oder Entladen eine längere Strecke rückwärts gefahren werden. Nähere Informationen unter syltshuttle.de.

SYLT PER FÄHRE

Der Autozug nach Sylt ist nicht ganz billig. Wer hier ein bisschen Geld sparen möchte, kann über einen kleinen Umweg über Dänemark vom dänischen Fährhafen Havneby auf

Hundestrände sind immer ausgewiesen.

der Halbinsel Rømø mit der FRS Syltfähre (frs-syltfaehre.de) nach List auf Sylt fahren (der dänische Fährhafen auf schleswig-holsteinischer Seite ist sehr gut ausgeschildert). Die Fähren nach Sylt legen bis mittags halbstündlich, dann stündlich ab (letzte Fahrt 18.30 Uhr), von List zurück den ganzen Tag stündlich. Eine Überfahrt dauert 30 Minuten und kostet für ein sieben Meter langes Wohnmobil mit zwei Personen derzeit 150 Euro für Hin- und Rückweg (Stand 2022). Dann fährt man von Flensburg oder Niebüll aus nach Dänemark und über Skærbæk nach Havneby. Das sind ab Niebüll insgesamt knapp 70 Kilometer mehr bei dieser Tour.

UNTERWEGS MIT HUND

Prinzipiell ist Schleswig-Holstein ein hundefreundliches Bundesland. In den Städten stehen vor vielen Läden und Gaststätten Wassernäpfe für durstige Vierbeiner bereit. Auch die Stell- und Campingplätze erlauben in den überwiegenden Fällen das Mitbringen von Hunden (natürlich gilt auf den Plätzen Leinenpflicht). Manchmal gibt es sogar Hundeduschen, ein Willkommenspaket für den Vierbeiner oder separate Wasserzugänge. Sowohl an Nord- und Ostsee als auch an den Badeseen gibt es ausgewiesene Hundestrände beziehungsweise Strandabschnitte, an denen auch Hunde erlaubt sind. Was jedoch zu beachten ist – vor allem bei einer Reise in der Hochsaison: An den meisten offiziellen Stränden sind Hunde verboten, es besteht dann tatsächlich nur die Möglichkeit, auf ausgewiesene Hundestrände auszuweichen. In den Wintermonaten dürfen Hunde normalerweise mit an alle Strände. Die Hundestrände sind oft sehr voll, vor allem an schönen Sommertagen, das sollte man vorab bedenken, auch, was die Verträglichkeit des eigenen Hundes mit Artgenossen anbelangt. Manchmal herrscht auch an Hundestränden Leinenpflicht.
Spazierengehen auf den Deichen ist manchmal mit Hund erlaubt, manchmal nicht – grundsätzlich aber sind Hunde in den Deichbereichen wegen der zahlreichen frei laufenden Schafe an der Leine zu führen.

UNTERWEGS MIT KINDERN

Aufgrund der langen Sandstrände, des faszinierenden Wattenmeers, der spannenden Städte und vielfältigen Freizeitmöglichkeiten ist Schleswig-Holstein ein Paradies für Familien mit Kindern. Sandburgenbauen und Wellenbaden an der Ostseeküste, Wattwandern an der Nordsee sind wahre Highlights für Kids. Oder eine Schifffahrt, wahlweise auf eine Insel, zu Seehundbänken oder einfach nur von A nach B. Abenteuer pur für Kinder ist es auch, mit dem Kanu über den See zu paddeln oder erste Erfahrungen mit dem SUP zu sammeln, einen Tag im Freizeitpark zu verbringen, auf den Spuren der Wikinger zu wandeln oder bei schlechtem Wetter im Indoor-Spielpark zu toben. Dazu passt der Campingurlaub vortrefflich, denn was gibt es Schöneres für Kinder, als nach einem erlebnisreichen Tag am Abend vor dem Wohnmobil zu grillen oder Stockbrot zu machen? Mit anderen Kindern gefahrlos über den Platz zu ziehen und gemeinsam zu spielen, während die Eltern entspannt vom Wohnmobil aus alles im Blick haben, auch das macht Kinder froh.

WATTWANDERN

Wenn man an der Nordsee ist, muss man einmal eine Wattwanderung gemacht haben. Ein solcher Spaziergang auf dem Meeresgrund bringt uns nicht nur das Weltnaturerbe Wattenmeer näher, sondern der ungestörte Blick in die unendliche Weite ist genussvoll. Und am meisten Genuss bringt dieses Unterfangen, wenn es im Rahmen einer geführten Wattwanderung mit einem zertifizierten Wattführer stattfindet. Dieser kennt sich nicht nur besser mit den Gezeiten und potenziellen Gefahren aus, sondern kann auch die Tier- und Pflanzenwelt erklären, die sich aufgrund des zurückgezogenen Meeres offenbart. Die unverkennbaren Haufen der Wattwürmer werden dann ebenso in Augenschein genommen wie Krebse, Wattschnecken oder Seesterne. Ganz besonders schön ist es, wenn die Wattwanderung zu einem Ziel, beispielsweise zu einer Hallig, führt. Dort kann man sich dann bei Kaffee und Kuchen stärken, bevor es über den Meeresboden wieder zurückgeht. Bei den Touristenbüros der Ferienorte erhält man Auskünfte über die geplanten Wattwanderungen.

Eine Wattwanderung sollte man mit einem erfahrenen Wattführer unternehmen.

WOHNMOBIL

Auch wenn die Dichte an Stell- und Campingplätzen in Schleswig-Holstein groß ist und das Reisen mit dem Wohnmobil durch dieses Bundesland unzählige Vorteile hat, gibt es einige Dinge zu beachten. So ist beispielsweise die Parksituation in den Städten mitunter schwierig, weil die Parkplätze nicht auf so große Fahrzeuge ausgelegt oder Wohnmobile einfach verboten sind. Oft parkt man dann etwas außerhalb, was einen längeren Fußweg ins Stadtzentrum erfordert. Wann immer sich zentrumsnah oder am Ausgangspunkt einer Wanderung oder Radtour sowie nahe einer Attraktion gute Parkmöglichkeiten für Wohnmobile finden, wurde in den einzelnen Routen explizit darauf hingewiesen. Ansonsten ist manchmal beim Parken etwas Kreativität erforderlich – oder man greift für Anreisen jedweder Art auf das Fahrrad oder auf öffentliche Verkehrsmittel zurück.
Auch wenn Norddeutschland endlose Weite bedeutet – manchmal sind die Straßen erstaunlich eng. Alle in diesem Buch beschriebenen Strecken wurden mit einem Wohnmobil mit sieben Meter Länge gefahren und sind damit auch problemlos machbar. Fahrer von sehr großen Fahrzeugen sollten statt kleinerer Verbindungsstraßen aber vielleicht doch auf größere Bundesstraßen ausweichen, denn auch die Landstraßen sind in vielen Fällen schmal, ohne Mittel- und/oder Randstreifen und mit wenig Ausweichmöglichkeiten versehen.

Immer wieder bereichern schöne Fleckchen wie hier der Klosterhof von Itzehoe die Reise.

PACK- UND CHECKLISTEN

Wohnmobilreisen erfordern immer ein wenig Organisation. Je besser Sie vorbereitet sind, umso gelungener die Erholung.

CAMPING-PACKLISTE

ALLGEMEIN

DIE BORDAPOTHEKE

- ◯ Persönliche Medikamente
- ◯ Sonnenschutz und After-Sun
- ◯ Mücken- / Zeckenschutz
- ◯ Erste-Hilfe-Set / Wundpflege
- ◯ Ohrstöpsel

HYGIENE AN BORD

- ◯ Toilettenpapier
- ◯ Kosmetikartikel
- ◯ Handwaschmittel
- ◯ Hand- und Duschtücher

DER KLEIDERSCHRANK

- ◯ Kleidung für alle Einsätze
- ◯ Badesachen
- ◯ Wetterfeste Regenkleidung
- ◯ Schuhe

DIE AUSSTATTUNG ZUM WOHNEN AUF DEM CAMPINGPLATZ

- ◯ gemütliche Campingmöbel
- ◯ Sonnenschutz (verspannbar)
- ◯ Windlichter und evtl. Lichterkette
- ◯ Kuscheldecke für kühle Abende
- ◯ Wäscheleine und -klammern
- ◯ Grill und Feuerschale
- ◯ Hängematte
- ◯ Strandtuch

ESSENZIELLES

- ◯ Reisepass nach Bedarf
- ◯ Kfz-Schein
- ◯ Grüne Versicherungskarte
- ◯ Schutzbrief eines Automobilclubs oder Versicherung
- ◯ Bargeld in kleinen Scheinen
- ◯ Personalausweis
- ◯ EC- und Kreditkarten

NOTIZEN

CHECKLISTE

CAMPERKÜCHE

GRUNDAUSSTATTUNG

- ◯ Teller, Schüsseln und Schalen
- ◯ Besteck und Küchenmesser
- ◯ Trinkgefäße
- ◯ Pfannen & Töpfe
- ◯ Schneidebrett aus Holz
- ◯ Korkenzieher, Flaschen- und Dosenöffner, Schere
- ◯ Küchenpapier, Alufolie
- ◯ Aufbewahrungsdosen in verschiedenen Größen (stapelbar)
- ◯ Mülltüten (kleine und große)
- ◯ Spülschüssel, Geschirrtücher, Spülmittel
- ◯ Handfeger für den Innenraum
- ◯ Feuerzeug, Streichhözer
- ◯ Ökologisches Putzmittel

GRUNDAUSSTATTUNG NAHRUNGSMITTEL

- ◯ Kaffee und Tee
- ◯ Gewürze, Salz, Pfeffer, Zucker
- ◯ Trinkwasser

PACKLISTE KÜCHE KOMFORTABEL

- ◯ Topflappen
- ◯ Schneebesen
- ◯ Sieb: klein und feinmaschig
- ◯ Reibe: grob und fein
- ◯ Backpinsel
- ◯ Küchenwaage
- ◯ Knoblauchpresse
- ◯ Pfeffermühle
- ◯ Teigschaber für Bäcker/innen
- ◯ Gemüseschäler

NOTIZEN

PACKLISTEN FÜR ALLE FÄLLE

KINDER | WERKZEUG | BELEUCHTUNG

MIT KINDERN UNTERWEGS – WICHTIGER KINDERKRAM

- ◯ Schnorchelzeug und Flossen und / oder Schwimmhilfen, Sonnenschutz
- ◯ Neoprenanzüge bei kalten Wassertemperaturen
- ◯ Fahrräder, Roller, Skateboards und andere Sportgeräte
- ◯ Kleine Boxen zum Sammeln von Fundstücken
- ◯ Großes Reisetagebuch, in dem alle mitschreiben und malen, Stifte
- ◯ Hängematte mit Mückennetz ist fast ein Garant für Mittagsschlaf
- ◯ Musik, Bücher und Hörspiele
- ◯ Taschenlampen, Stirnlampen (für jedes Kind eine eigene)
- ◯ Fernglas, Kompass, Taschenmesser
- ◯ Reisespiele und Tablet mit Spielen und Filmen

IMMER DABEI: WERKZEUG-GRUNDAUSSTATTUNG

- ◯ Ein Multitool / Bitkasten mit vielen verschiedenen Schraubenziehern, Inbus- und Steckschlüsseln
- ◯ Dose WD40 oder Ballistol Universalspray: Diese »Geheimwaffen« lösen verrostete Schrauben, schmieren die quietschende Markise oder verhindern das Vereisen der Türgummis u. Ä.
- ◯ Panzertape (gewebeverstärktes Universalklebeband)
- ◯ Kfz-Sicherungen aller Art
- ◯ Sekundenkleber
- ◯ Universalzange
- ◯ Klappspaten (Befreiung aus sandigen, tiefschotterigen Untergründen)
- ◯ Hammer
- ◯ Kabelbinder und stabile Schnüre

BELEUCHTUNG ALLER ART ZUM WOHLFÜHLEN

- ◯ Lichterketten
- ◯ Leselampen
- ◯ Kerzen bzw. Windlichter

NOTIZEN

....

....

....

....

....

PACKLISTEN FÜR ALLE FÄLLE

BEHÄLTER | SAUBERKEIT

TIPP: VERSCHIEDENE BEHÄLTER AN BORD

- ◯ Ein kleiner Rucksack für die Fährfahrt, den Tagesausflug zum Sightseeing
- ◯ Ziploc-Beutel, mit denen man beispielsweise das Handy gut gesichert an den Strand nehmen kann
- ◯ Kleine Müllbeutel für den täglichen Müll
- ◯ Große Müllbeutel für das schnelle Aufbewahren von nassem Badezeug oder noch feuchter Wäsche. Außerdem auch gut, um gesammeltes Feuerholz aufzubewahren.

SAUBERKEIT SCHAFFT FRIEDEN

- ◯ Faltschüssel zum Abspülen und Wäschewaschen in den manchmal nicht so sauberen Sanitäranlagen der Campingplätze. Damit kann man außerdem gut das Geschirr transportieren.
- ◯ Öko-Allzweckreiniger und Öko-Spülmittel
- ◯ Schwämme
- ◯ Küchenrolle
- ◯ Fußmatte (für den größten Schmutz, kann schnell ausgeschüttelt werden)
- ◯ Handwaschmittel
- ◯ Waschmittel in Einzelportionen

NOTIZEN

CHECKLISTE

FÜR EIN GEMIETETES WOHNMOBIL

Da die Kaution für ein Mietmobil nicht unerheblich und schon im kleinsten Schadensfall verloren ist, sollte das Fahrzeug vor der Übernahme genauestens überprüft werden. Vor allen Dingen der Wohnmobil-Neuling sollte sich die Funktionen ganz genau erklären lassen, um für den Urlaub gut gerüstet zu sein. Empfehlenswert ist es, folgende Checkliste mitzunehmen, Punkt für Punkt abzuhaken und vom Vermieter unterschreiben zu lassen.

AUSSEN

- ◯ Beschädigungen an Karosserie, Stoßfängern, unter den Stoßfängern, auf Scheiben
- ◯ Reifenzustand, evtl. einseitige Abnutzung, Luftdruck
- ◯ Dach, Einschläge durch herabfallende Teile
- ◯ Gepäckträger bzw. Fahrradträger auf dem Kugelkopf auf Funktion prüfen
- ◯ Warntafel vorhanden
- ◯ Umweltplaketten vorhanden
- ◯ Markise, Abspannbänder vorhanden
- ◯ Unterlegkeile

INNEN

- ◯ Gereinigter Zustand
- ◯ WC und Bad in Ordnung, WC-Kassette geleert
- ◯ Küche sauber, Kochfeld
- ◯ Besteck auf Vollständigkeit prüfen
- ◯ Töpfe und Pfannen, Gläser, Geschirr
- ◯ Kühlschrank auf Funktion prüfen bei a) Landstrom, b) Gas, c) Lichtmaschine automatische Umschaltung
- ◯ Heizung bzw. Warmwasseraufbereitung prüfen, Boiler füllen und entleeren, Funktion des automatischen Ablasses erklären lassen
- ◯ Auslasshähne in Bad, Küche auf Funktion Warm-/Kaltwasser prüfen, inkl. Duschkopf
- ◯ Elektro-Sicherung und Fehlerschalter prüfen
- ◯ Sitze und Möbel auf Abnutzung, bzw. Beschädigung oder Verunreinigung prüfen
- ◯ Matratzen auf Sauberkeit prüfen
- ◯ Campingstühle und Tisch

TECHNIK

- ◯ Motoröl
- ◯ Kühlflüssigkeit
- ◯ Scheibenwaschwasser
- ◯ Bremsflüssigkeit
- ◯ 2 volle Gasflaschen
- ◯ Frischwassertank
- ◯ Abwassertank, Ablassventil
- ◯ Funktion der Scheibenheber, Spiegeleinstellung und Rückfahrkamera
- ◯ Reparaturkit für Reifen
- ◯ Warndreieck, Warnwesten, Verbandskasten
- ◯ Werkzeug
- ◯ Kompletter Schlüsselsatz, am besten zweifach
- ◯ CE-Stecker und Kabeltrommel

CHECKLISTE

BEI VERLASSEN DES CAMPINGPLATZES

AUSSEN

- ◯ Ist der Stromstecker gezogen?
- ◯ Ist die Kabeltrommel verstaut?
- ◯ Ist die Trittstufe eingefahren?
- ◯ Wurde die Fußmatte schon hineingeräumt?
- ◯ Liegt das Solarpaneel schon im Kofferraum?
- ◯ Ist die Wäscheleine eingepackt?
- ◯ Sind alle Campingmöbel im Fahrzeug verstaut?
- ◯ Wurde aller Müll vom Platz geräumt?

OBEN

- ◯ Ist die TV-Schüssel eingefahren?
- ◯ Sind die Dachboxen fest verschlossen?
- ◯ Ist das Aufstelldach geschlossen und verriegelt?

UNTEN

- ◯ Ist man von den Auffahrkeilen heruntergefahren?
- ◯ Sind die Keile auch wirklich eingepackt?
- ◯ Liegen vielleicht noch die Gummitiere unter dem Auto?

INNEN

- ◯ Fest verriegelt?
- ◯ Ist der Kühlschrank verriegelt? Bei Bedarf schon auf 12 V umgestellt?
- ◯ Sind wirklich alle Schränke und Schubladen geschlossen?

NOTIZEN

Ein Landstrich so richtig
zum Träumen ...

REGISTER

CAMPING-, UND WOHNMOBILSTELLPLÄTZE

Ein Highlight des Bundeslandes ist der Nationalpark Wattenmeer.

PS: DA FÄLLT MIR NOCH WAS EIN!

UNSERE REISE DURCH...

... das nördlichste Bundesland haben wir entgegen dem Uhrzeigersinn unternommen und sind südöstlich von Hamburg in Geesthacht gestartet. Zunächst nahmen wir Kurs auf die Ostseeküste mit den mondänen Seebädern und der Insel Fehmarn als Ziel. Dann ging es wieder ins Innenland, durch die Holsteinische Schweiz und an der Schlei entlang. Noch einmal trafen wir auf die Ostseeküste und besuchten die nördlichsten deutschen Großstädte Kiel und Flensburg. Danach kam der Szenenwechsel – wir erreichten mit Dagebüll die Nordseeküste. Entlang der bezaubernden Küstenorte und der herrlichen Inseln wandten wir uns dann erneut gen Süden, um zuletzt noch einmal an der Elbe entlang ins Binnenland zu fahren. Während unserer gesamten Reise haben wir die in unserer süddeutschen Heimat Zurückgelassenen mit Fotos versorgt. Und mit dem Szenenwechsel von Ost- zur Nordsee kamen die erstaunten Rückfragen: »Schleswig-Holstein hat echt beide Meeresküsten?«

JA, SCHLESWIG-HOLSTEIN IST ...

... von zwei Meeren umarmt – von der lieblichen Ostsee und der tosenden Nordsee. Und es wird nie langweilig! Aufs Meer blicken, Schafe auf den Deichen zählen, Ozeanriesen beim Vorbeituckern hinterherschauen, sich in die Wellen stürzen oder im Watt spazieren gehen – all das ist in nur einem Bundesland möglich! Überhaupt staunten wir unterwegs, wie so viele außergewöhnliche Dinge an einem Fleck zu finden sein können – die meistbefahrene Wasserstraße der Welt ist hier, die schmucksten Städte mit den bedeutendsten Wahrzeichen – wie das Holstentor zu Lübeck – es gibt tiefe Förden und eiszeitliche Seen. Wenn ich also wieder einmal gefragt werden sollte, ob Schleswig-Holstein tatsächlich zwei Meeresküsten hat, werde ich antworten: »Ja, und noch so viel me(e)hr!«

Herzlichst, Ihre

mit Reiseteam Robert Landwehr und Bordhund Bilbo

UNSER NACHHALTIGKEITSKODEX

Die Welt birgt viele Wunder, Abenteuer und spektakuläre Aussichten, die wir gerne erkunden möchten. Doch sie ist auch leicht aus dem Gleichgewicht zu bringen. Hier ein paar Tipps, wie wir unsere Welt nachhaltig entdecken können:

- **Abfall wieder mitnehmen:** Plastikverpackungen jeglicher Art, Dosen, Flaschen und Papiertaschentücher (es dauert Jahre, bis sich ein einzelnes Taschentuch vollständig abgebaut hat!) gehören nicht in die Natur, sondern artgerecht entsorgt. Dazu zählen natürlich auch Toilettenpapier und der Inhalt von (Chemie-) Toiletten. Entsprechende Entsorgungsstationen finden sich überall.

- **Ressourcen gewissenhaft nutzen:** Manche Umweltressourcen sind bereits knapp, endlich sind auf jeden Fall alle. Um sie zu schonen, sollten wir sparsam mit ihnen umgehen, gerade in Gegenden, in denen zum Beispiel Wasser oder Strom nicht im Überfluss vorhanden sind.

- **Ein guter Gast sein:** Nachhaltig unsere Umgebung zu erkunden bedeutet auch, der hiesigen Flora und Fauna mit Respekt zu begegnen. Pflanzen sollten auf keinen Fall gepflückt werden, aber sie stehen uns bestimmt gerne Modell für das eine oder andere Foto. Das gleiche gilt für wilde Tiere: wir füttern sie nicht, halten Abstand und beobachten sie aus der Ferne.

- **Lokal kaufen:** Dadurch lernen wir nicht nur Land und Leute besser kennen und unterstützen die regionale Wirtschaft, sondern können auch so unsere Campingküche mit frischen Produkten nachhaltig gestalten.

- **Flexibel bleiben:** Camper sind keine Rudeltiere. Wir schonen die Natur auch, indem wir einen Ort nicht geballt belasten. Einen tollen Stellplatz entdeckt? Wir behalten es für uns und teilen ihn am besten nicht mit der Öffentlichkeit. Übrigens gibt es inzwischen vielerorts auch nachhaltige Campingplätze.

- **Umweltbewusst fahren:** Reisen mit dem Auto oder Womo sind grundsätzlich umweltfreundlicher als mit dem Flugzeug, dennoch können wir noch mehr tun und zum Beispiel den Kraftstoffverbrauch minimieren, indem wir vorausschauend fahren, so wenig Last wie möglich mit uns führen und die Umgebung vor Ort mit dem Fahrrad oder zu Fuß erkunden.

- **Nur dort parken und campen, wo es erlaubt ist:** Selbst wenn wir uns noch so vorbildlich verhalten und unseren Aufenthaltsort so hinterlassen, wie wir ihn vorgefunden haben, stören wir den Lebensraum von Wildtieren und hinterlassen Spuren und Gerüche. Auch Lagerfeuer entzünden wir ausschließlich an den dafür vorgesehenen Stellen und achten dabei auf Waldbrandstufen und Naturschutzgebiete.

Die Fehmarnsundbrücke verbindet die Insel Fehmarn mit dem Festland bei Großenbrode

STRASSEN-ATLAS

Die vorgestellten sechs Schleswig-Holstein-Routen auf der Karte – samt Übernachtungsmöglichkeiten mit dem Wohnmobil auf Stell- oder Campingplatz

NORDSEE
DÄNEMARK
Nordfriesische Inseln
198
199
200
Flensburg
Schleswig
Kieler Bucht
Fehmarn
Fehmarnbelt
Rendsburg
201
202
203
204
Kiel
Lübecker Bucht
Rostock
Deutsche Bucht
Cuxhaven
Elbe
Lübeck
205
206
207
Wilhelms-haven
Bremer-haven
HAMBURG
Schwerin
Weser
Oldenburg
BREMEN
Uelzen
Cloppenburg
Wolfsburg
HANNOVER
Osnabrück
Braunschweig
Magdeburg
Salzgitter
Bielefeld
Münster
Paderborn

LEGENDE

Route 1 - VON DER ELBE BIS ZUR MARZIPAN-HAUPTSTADT

Route 2 - IM OSTEN GEHT DIE SONNE AUF

Route 3 - »ALPEN«-IDYLLE UND GROSSSTADTFLAIR

Route 4 - IM HÖCHSTEN NORDEN

Route 5 - STRAND, WIND, WELLEN UND MEER

Route 6 - CHARMANTE DITHMARSCHER URLAUBSORTE

A7 Autobahn mit Anschlussstelle

75 Schnellstraße

Fernstraße

Nebenstraße

Sonstige Straße

Fahrweg

Eisenbahn

Flüsse

See

Bebauung

Natur-, Nationalpark

Staatsgrenze

C 10 Campingplätze

S 10 Stellplätze

Sehenswürdigkeit – Kultur

Sehenswürdigkeit – Natur

Kirche, Kloster

Klosterruine

Schloss

Schlossruine

Museum

Höhle

Windmühle

Leuchtturm

Hünengrab

Aussichtspunkt

Flughafen

HUBER KARTOGRAPHIE

N

0 5 km

1 : 300.000

NORD-
SEE
Nationalpark
Schleswig-
Holsteinisches
Wattenmeer
Natur-
reservat
Jordsand
Rømø Dyb
Lister Tief
Ellenbogen
Mövenberg
List-
land
List
Højer Dyb
Westerheide
Klappholttal
Rotes Kliff
Kampen (Sylt)
Pandertief
Wenningstedt
(Sylt)
Braderup
Munkmarsch
Sylt
Westerland
Regional-
flughafen Westerland
C 502
Keitum
Altfriesisches Haus
Dikjen-Deel
Sylt-
Archsum
Ost
Morsum
Hindenburgdamm
Rantum-
becken
Rantum (Sylt)
Sylt
Puan
Klent
Eidumtief
Hörnumtief
Hörnum (Sylt)
Föhr
Ackerum
Dunsum
Oldsum
Osterland
Süderende
Midlum
Utersum
Westerland
Oevenum
Hedehusum
Borgsum
Alkersum
Wrixum
Witsum
Nieblum
Friesenmuseum
Göting
Wyk auf Föhr
Norddorf
Amrum
Kniepsand
Nebel
Süddorf
Steenodde
Wittdün
Norderaue
Nordmarsch-Langeneß
Hunnenswarf
Kirchwarf
Ketelswarf
Bandixwarf
Mayenswarf
Tadenswarf
Langeneß
Hilligenley
Halligen
Süderaue
Ipkenswarf
Backenswarft
Sandshörn
Hooge
Königspesel
Ockenswarft
Japsand
Hoogeloch
Helgoland
Nordfriesische Inseln
Norderoog
Norderoogsand
Rummelloch
Süderoog
Pellworm
Waldhusen
Tammensiel
Schmerhörn
Ostertilli
Bådsbøl-B.
Randerup
Abterp
Buntje-B.
Ballum
Skast
Koldby
Hjerpsted
Vester
Gammelby
Nørre
Sejerslev
Emmerlev
Klev
Sønder
Sejerslev
Emmerlev
Daler
Højer
Frederiks-
kog
Vidå
Bøndert
Højer Kog
Nørremølle
Markhäuser
Rudbøl
Rodenäs
Friedrich-
Wilhelm-
Lübke-Koog
Klanxbüll
Neukirchen
Wiedingharde
Horsbüll
Hoddebüll-
deich
Südergottes-
koog
Emmelsbüll-
Südwesthörn
S 500
Neu-
galmsbüll
Galmsbüll-
koog
Galmsbüll
Dagebüll-
Hafen
S 501
Juliane-
Marienkoog
Oland
Gröde-
Appelland
Gröde
Hamb
Rungho
sand
Nordstran
Südfall
Süderhever
201

E
F
G
H
1
2
3
4
5
6
Løgumkloster
Kunstmuseum
Aabenraa
Aabenraa Fjord
Rødekro
Tønder
Tinglev
Lundtoft
Bov
Kruså
Padborg
Frøslev
Plantage
Harrislee
Flensburg
Museum
Glücksburg
Süderlügum
Leck
Handewitt
Weiche
Schafflund
Tarp
Bredstedt
Husum
Schleswig/Schuby
Schl. Gottorf
Stollberg
Rantzau-höhe
Lundtop
Nordhackstedt
Medelby
Jardelund
Wallsbüll
Sprakebüll
Enge
Sande
Stadum
Bargum
Soholm
Lütjenholm
Goldelund
Goldebek
Joldelund
Viöl
Hochviöl
Behrendorf
Bondelum
Ahrenviölfeld
Ahrenviöl
Oster-Ohrstedt
Treia
Silberstedt
Jübek
Idstedt
Eggebek
Langstedt
Sieverstedt
Oeversee
Freienwill
Großsolt
Großsoltholz
Tastrup
Hornholz
Kleinwolstrup
Sønderborg
Rens
Store Jyndevad
Lille Jyndevad
Frestrup
Burkal
Bylderup-Bov
Bredevad
Søvang
Rødekro
Kliplev
Bjergskov
Søgård
Kværs
Gråsten
Rinkenæs
Sønderhav
Kollund
Hønsnap
Kiskelund
Gejlå
Vejbæk
Bajstrup
Gårdeby
Kravlund
Tønder
Sæd
Grønå
Vidå
Arnå
Hvidå
Soholmer-Au-Kanal
Lecker Au
Arlau
Ostenau
Treene
Nordstrand
Elisabeth-Sophien-Koog
Norder-Goesharde
Süder-Goesharde
Karrharde
Risum
Langenhorn
Bordelum
Reußenköge
Sönke-Nissen-Koog
Hattstedt
Horstedt
Schobüll
Hockensbüll
Mildstedt
Rodenäs
Engelsburg
Schwesing
Wester-Ohrstedt
Ostenfeld
Ostertreia
Holm
Rosacker
Schuby
Jägerkrug
Hüsby
Dannewerk
Friedrichsfeld
Kurburg
Ellingstedt
Morgenstern
Sandesberg
S 503
C 504
5
4
199
200
201
202
8
24
41
42
11
25
5
7
199
200
201

200
201
202

A
B
C
D
1
2
3
4
5
6
Hjarup
Bodum
Løjt Skovby
Barsmark
Augustenhof
Stollig
Aabenraa N.
24
Nørreløkke
Nordborg Slot
Nordborg
Holm
Holm Mark
Brønd
Nordborg Sø
Havnbjerg
Skarrev
Aabenraa
Aabenraa Fjord
Oksbøl
Lunden
Svenstrup
Als
Lyngen
Mjels
Broballe
Brandsbøl
Hardeshøj
Feldstedkov
Varnæs
Als Fjord
Arup
Hostrupskov
Gammel Skovbøl
74
Over Blåkrog
Bovrup
Sandvig
Stevning
Sjellerup
Østerholm
Elstrup
Frederiksgård
41
Røllum
Stubbæk
Felsted
Blans
Stolbro
Guderup
Hundslev
Fynshav
Hostrup Sø
Sønder Hostrup
Tumbøl
Tråsbøl
Brobøl
Øster Snogbæk
Augustenborg
Als Sund
Stolbro
Løkke
Ketting
Høgebierg
81
Sønderborg
Skovhuse
Sebbelev
8
Asserballeskov
Bojskov
Ullerup
Vester Snogbæk
Augustenborg Slot
Augustenborg
Tovrup
Kliplev
Bjergskov
Snur-om
Fiskbæk
Avnbøl
Vester Sottrup
Øster Sottrup
Stovgård
Kær
Ormstoft
Mjang
Over Tandslet
Ertebjerg
Neder Tandslet
Mommark
Kliplev
Søgård
Kværs
Gråsten
Gråsten Slot
Adsbøl
Nybøl Nor
Nybøl
Kirke Hørup
Vollerup
Sydals
Sarup
Vilsbæk
Lundtoft
Tørsbøl
Egernsund
Dybbøl
Dybbøl Mølle
Sønderborg
Klinting
Hørup Hav
Lebøl
Lysabild
Lysabildskov
Alnor
Skodsbøl
Vemmingbund
Torsthoved
Vibøge
Sønderbjerg
Holbøl
Hokkerup
Rendbjerg
Broager
20
Skovby
Øster Gejl
Rinkenæs
Dynt
57
Grønmark
Gamme
Rønshoved
Sønderborg Bugt
Sønderby
Bredsten
Skovmose
Hønsnap
Holnis
Iller
Broager
Skelde Kobbel
Sønderhav
Kiskelund
Schausende
Brunsnæs
Gammelgab
Skelde
Land
Østerby
Kegnæs
Kegnæshøj
C 406
Kollund
Sandwig
Bockholm
Bov
Kruså
Flensburger Förde
Glücksburg
Glücksburg (Ostsee)
Langballigholz
Ulstrupfeld
Westerholz
Kalkgrund
200
Mürwik
Wees
Ulstrup
Ringsberg
Dollerupholz
Langballig
Nieby
Habernis
Unewatt
Geltinger Bucht
Harrislee
199
Munkbrarup
Ranmark
Nordballig
Norgaardholz
Museum
Flensburg
Gremmerup
Bönstrup
Dollerup
Roikier
Kalleby
Falshöft
Nieby
Maasbüll
Husby
Steinbergholz
C 405
199
Tastrup
Weseby
Grundhof
70
Scheersberg
Steinberghaff
Steinbergkirche
Wackerballig
Pommerby
4
Husbyholz
Schwensby
Quern
Hornholz
82
Hürup
Niesgrau
Gelting
Kronsgaard
Weding
Kleinwolstrup
Ausacker
Winderatt
Dingholz
Sterup
Rundhof
Jarplund
Freienwill
Flatzby
Esgrus
Birzhaft
Rabenholz
Hasselberg
Munkwolstrup
Estrup
Sörup
Esgrusschauby
Stangheck
Oeversee
Juhlschau
Großsoltbrück
Kollerup
Südensee
Ahneby
Schwackendorf
Oehe
Bondenau
Mühlenholz
Sörupholz
Rügge
Stoltebüll
Wormshöft
Treßsee
Großsolt
Obdrup
Satrup
Kraghöh
57
Stutebüll
Rabel
Maasholm
Lotseninsel
7
Großsoltholz
Esmark
Rüde
Mohrkirch
Brarupholz
Gulde
Oersberg
Sandbek
S 404
Schlei
Angeln
Saustrup
Wagersrott
Kappeln
Olpenitz
Tarp
Südersohmedeby
Havetoftloit
Köhnholz
Norderbrarup
Scheggerott
Ellenberg
Sieverstedt
Hostrup
Dammholm
Ekeberg
Thumby
Schnarup-
Böel
Rabenkirchen-
203
Weidefeld
Keelbek
Havetoft
Dollrottfeld
201
-Faulück
Grödersby
Brodersby
Treene
Jalm
Stenderupau
Uelsbyholz
Struxdorf
Brebel
Süderbrarup
Kopperby
Schönhagen
Langstedt
Poppholz
Ülsby
Nottfeld
Kiesby
Ekenis
Arnis
Karby
Klappholz
Buschau
Loit
Ketelsby
Winnemark
Dörphof
Kattbek
C 403
Lindaunis
Bienebek
Schuby
Bollingstedt
Stolk
Süderfahrenstedt
Böklund
Twedt
Steinfeld
Sieseby
Thumby
Aqua-Tropicana
Damp
Idstedt
Wellspang
Lindauhof
Hegenholz
Dorotheental
Gammellund
Langsee
Tolk
Kius
Stubbe
Maasleben
Freizeitpark Tolk-Schau
Ulsnis
Pommerby
Haarholm
Brekling
Taarstedt
Kriesby
Schwastrum
Berend
Nübel
Hestoft
Büstorf
Jübek
Friedrichsau
Neuberend
Schaalby
Royum
Goltoft
Bohnert
Norby
Holzdorf
Söby
Großwaabs
Booknis
Moldenit
Rieseby
Saxtorf
Büschau
Lürschau
Klensby
Brodersby
Schwansen
48
Waabs
Schuby
Schleswig/Schuby
Schleswig
Füsing
Geel
Sönderby
Basdorf
Sophienhof
Schl. Gottorf
C 402
Missunde
201
Dom
S 401
203
Loose
Langholz
Schuby
Schlei
Kosel
Ludwigsburg
Jägerkrug
Fahrdorf
Borgwedel
Gammelby
Barkelsby
Karlsminde
Rosacker
Hohenstein
Hüsby
Busdorf
Haithabu
Loopstedt
4
Güby
Borby
Hemmelmark
Eckernförder Bucht
Dannewerk
202
Fleckeby
203
Eckernförde
Surendorf
Kurburg
Schleswig
Selk
Esprehm
Hummelfeld
S 400
Noer
Krusendorf
Lindhöft
Schwedeb

198
199
202
205
E
F
G
H
1
2
3
4
5
6
Norderoog
Norderoogsand
Rummelloch
Süderoog
Süderoogsand
Pellworm
Tammensiel
Schmerhörn
Ostertilli
Rungholt-sand
Norderhafen
Elisabeth-Sophien-Koog
Morsumkoog
Wobbenbüll
Hattstedt
Halebüll
Schobüll
Hockensbüll
Husum
Rosendahl
Mildstedt
Rödemis
Horstedt
Olderupfeld
Engelsburg
Schwesing
Süder-
Alterkoog
Westerdeich
Nordstrand
Neukoog
Süderhafen
Südfall
Korbbakensand
Nordstrander Watt
Norderhever
Heverstrom
Hochwasser-Schutzschleuse
Finkhaushallig
S 503
C 504
S 505
C 506
C 507
C 508
C 509
C 600
C 601
C 602
Nationalpark
Schleswig-
Holsteinisches
Wattenmeer
Porrendeich
Uelvesbüll
Platenhörn
Schwabstedt
Rantrum
Riesbüll
marsch
koog
St. Peterskoog
Koldenbüttel
Friedrichstadt
Treene
Eider
Witzwort
Osterende
Reimersbude
Norderheverkoog
Altneukoogsbührr
Norderfriedrichskoog
Oldenswort
Hochbrücksiel
Harblek
Dahrenwurth
Lehe
Lunden
Sankt Annen
Stufhusen
Utholm
Augustenkoog
Osterhever
Westerhever
Westerheversand
Sieversfleth
Poppenbüll
Tümlauer Bucht
Tümlauer Koog
Everschop
Tetenbüll
Medehop
Eiderstedt
Tholendorf
Tating
Sandwehle
Kirchspiel
Garding
Katharinenheerd
Kotzenbüll
Altendeich
Gunsbüttel
Tönning
Ording
Bad Sankt Peter
Brösum
St. Peter-Ording
Ehst
Wittendün
Böhl
Süderhöft
Grothusenkoog
Welt
Kating
Katingsiel
Vollerwiek
Olversum
Karolinenkoog
Krempel
Groven
Flehde
Rehm
Rehm-Flehde-Bargen
Schlichting
Kleve
Fedderingen
Hemme
Bargen
Zennhusen
Kleine Vollerwiekplate
Eidersperrwerk
Strübbel
Wittenwurth
Stelle-
Westerplate
Linnen-plate
Wesselburener Watt
Wesselburenerkoog
Schülp
Heuwisch
Blankenmoor
Dellweg
Weddingstedt
Fiegenplate
Hillgroven
Haferwisch
Tiebensee
Borgholz
Norddeich
Wesselburen
Oesterwurth
Wesseln
Süderholm
Heide
Isern Hinnerk
Hellschen-Heringsand-Unterschaar
Süderdeich
Norderwöhrden
Heide-West
Rickelshof
Lohe-
Heide-Süd
Norderpiep
Blauortsand
Hedwigenkoog
Reinsbüttel
Wesselburener Deichhausen
Wöhrden
Blauort
Oesterdeichstrich
Friedrichsgabekoog
Hochwöhrden
Lieth
Braaken
Tertiussand
Erlengrund
Büsum
Büsumer Deichhausen
Warwerort
Christianskoog
Ketelsbüttel
Hemmingstedt
Die Piep
Hegoland
Süderpiep
Speicherkoog
Barsfleth
Epenwöhrden
Meldorfer Bucht
Thalingburen
Dithmarscher Bauernhs.-Mus.
Neuer Meldorfer Hafen
Meldorferhafen
Meldorf
Elpersbüttel
Wolmersdorf
Elpersbüttelerdonn
Bielshövener Loch
Bielshövensand
Sommerkoog-Steertloch
Helmsand
Falsches Tief
Trischen
Busch-sand
Marner Plate
Eesch
Busenwurth
Windbergen
Wolfenbüttel
Gudendorf
Dieksand
Dithmarschen
Norderelbe
Kaiserin-Auguste-Viktoria-Koog
Friedrichskoog
Rugenort
Barlt
Trennewurth
Sankt Michaelisdonn
Hindorf
Krumwehl
Norderwisch
Großer Vogelsand
Gelbsand
Hakensand
Elbe
Hegoland, Harwich
Zehnerloch
Dieksanderkoog
Kronprinzenkoog
Helse
Volsemenhusen
Marne
Mittelgrund
Kleiner Vogel-
Marnerdeich
Kaiser-Wilhelm-Koog
Fahrstedt
Ramhusen

196
200
201
205
206

200
204
206
207
E
F
G
H
1
2
3
4
5
6
Kieler Förde
Eckernförder Bucht
Oslo, Göteborg
Klaipėda, Rauma, Riga, St. Petersburg, Tallinn, Vyborg
Dänisch Nienhof
Stohl
Altbülk
Surendorf
Krusendorf
Noer
Schwedeneck
Sprenge
Birkenmoor
Stubbendorf
Scharnhagen
Strande
Borghorst
Borghorster-hütten
Dänischen-hagen
Schilksee
Osdorf
Kaltenhof
Felm
Gettorf
Tüttendorf
Altenholz
Friedrichsort
Pries
Stift
Rathmannsdorf
Wulfs-hagen
Knoop
Holtenau
Neuwittenbek
Suchsdorf
Warleberg
Kronshagen
Mönkeberg
Laboe
Marine-Ehrenmal
U-Boot-Ehrenmal
Stein
Lutterbek
Brodersdorf
Wendtorfer-strand
Heidkate
Kalifornien
Barsbek
Wisch
Schönberger Strand
Schönberg (Holstein)
Stakendorf
Krummbek
Prasdorf
Röbsdorf
Schrevenborn
Muxall
Höhndorf
Hohenfelde
Satjendorf
Todendorf
Behrensdorf (Ostsee)
Passade
Fahren
Ratjendorf
Bendfeld
Schwartbuck
Gleschen-dorf
Gadendorf
Matzwitz
Probsteier-hagen
Stoltenberg
Sophienhof
Köhn
Tröndel
Emken-dorf
Panker
Water-neverstorf
Gr. Binnensee
Neumühlen-Dietrichsdorf
Schönkirchen
Tökendorf
Passader See
Salzau
Pratjau
Giekau
Pilsberg
125
Kiel
Ottendorf
Quarnbek
Mettenhof
Mels-dorf
Achterwehr
Schlesen
Fargau-Pülsen
Neuhaus
Darry
Stöfs
Wellingdorf
Klausdorf
Elmschenhagen
Dobersdorf
Dobersdorfer See
Selenter See
Klamp
Lütjenburg
Hasse
Freilicht-museum
Kronsburg
Wellsee
Kroog
Schwentine
Lilienthal
Wittenberger-passau
Selent
Bellin
Gottesgabe
Wentorf
Helmstorf
Bleken-dorf
Achter-wehr
Steinfurt
Felde
Rodenbek
Rammsee
Meimersdorf
Rönne
Raisdorf
Rosenfeld
Rastorf
Rastorfer Passau
Martensrade
Stellböken
Bauersdorf
Kühren
Wetterade
Westensee
Wrohe
Schierensee
Rumohr
Molfsee
Schlüsbek
Wakendorf
Wittenberg
Hasselburg
Rethwisch
Mucheln
Rantzau
Högsdorf
Dannau
Kletkamp
Nienhof
Voorde
Boksee
Pohnsdorf
Tresdorfer See
Schön-weide
Söhren
Blumenthal
Flintbek
Honigsee
Preetz
Schellhorn
Falkendorf
Lehmkuhlen
Sellin
Sasel
Malkwitz
Böhnhusen
Klein Barkau
Großbarkau
Sieversdorf
Postsee
Sophienhof
Lebrade
Naturpark Holsteinische Schweiz
Langwedel
Grevenkrug
Techelsdorf
Bothkamper See
Postfeld
Klein Kühren
Lanker See
Trent
Rixdorf
Sieversdorf
Sören
Schmalstede
Reesdorf
Bothkamp
Barmissen
Warnau
Kühren
Wielen
Theresienhof
Rathjens-dorf
Grebin
Neversfelde
Bissee
Hof Wahlstorf
Wahlstorf
Trammer See
Kellersee
Sielbeck
Hoffeld
Bordesholm
Brügge
Nettelsee
Löptin
Wittmoldt
Timmdorf
Malente
Behler See
Dieksee
Schönbek
Wattenbek
Groß Buchwald
Nettelau
Bundhorst
Depenau
Plöner See
Plön
Oberkleveez
Sibbersdorf
Einfelder See
Negenharrie
Schönhagen
Ascheberg (Holstein)
Großer Plöner See
Suhrer See
Kreuzfeld
Neudorf
Eutin
Loop
Ovendorf
Stolpe
Stolper See
Ruhleben
Bösdorf
Kleinmeinsdorf
Einfeld
Großharrie
Schillsdorf
Wankendorf
Perdöl
Kalübbe
Dersau
Godau
Bosau
Brackrade
Thürk
Braak
Bockholt
Gothendorf
Tungendorf
Bokhorst
Altbokhorst
Belau
Stocksee
Nehmten
Löja
Liensfeld
Klenzau
Neumünster
Tasdorf
Schipphorst
Schönböken
Ruhwinkel
Schmalensee
Bichel
Hutzfeld
Brachenfeld
Hollenbek
Rendswühren
Hornsmühlen
Wöbs
Hassendorf
Kiekbusch
Barkau
Böcklersiedlung
Husberg
Bornhöved
Grimmelsberg
83
Damsdorf
Schwienkuhlen
Wittorf
Gadeland
Groß Kummerfeld
Gönnebek
Tarbek
Seedorfer See
Weitewelt
Sarau
Siblin
Gießelrade
Trappenkamp
Tensfeld
Seedorf
Seekamp
Klein Kummerfeld
Willingrade
Alterfrade
Muggesfelde
Schlamersdorf
Berlin
Blomnath
Barghorst
Holstendorf
Havekost
Boostedt
Falkenhorst
Daldorf
Nehms
Nehmsberg
87
Travenhorst
Travenort
Heuerstubben
Ahrensbök
Wulfsdorf
Schwochel
Braak
Brokenlande
92
Latendorf
Rickling
Blunk
Garbek
Müssen
Gnissau
Sarkwitz
Negern-bötel
Hamdorf
Krems II
Wensin
Strenglin
Bebensee
Fehrenbötel
Heidmühlen
Großenaspe
Groß Rönnau
Klein Rönnau
Warder
Warder See
Quaal
Rohlstorf
Lebatz
Tankenrade
Grebenhagen
Wahlstedt
Klein Gladebrügge
Gr. Segeberger See
Schieren
Pronstorf
Eilsdorf
Wulfsfelde
Fahrenkrug
Bad Segeberg
Westerrade
Goldenbek
Reinsbek
Bimöhlen
Weide
Waldesruh
C 302
C 303
C 304
C 305
C 307
S 308

A
B
C
D
1
2
3
4
5
6
Fehmarn
Huk
C 207
Niobe-Denkmal
Wester-markelsdorf
Altenteil
Wenkendorf
Fastensee
Dänschen-dorf
Schlagsdorf
Gammendorf
Puttgarden
Fährhafen
Strandsauna
Bojendorf
Petersdorf a. Fehmarn
Todendorf
Presen
Kopendorf
Hinrichsdorf
Bannesdorf a. Fehmarn
Wallnauer Teiche
Gollendorf
Lemken-dorf
Klausdorf
C 206
Sulsdorf
Mühlen-mus.
Landkirchen a. Fehmarn
S 209
Burg a. Fehmarn
C 208
Flügge
Orth
Flügger Leuchtfeuer
Orther Reede
Teschendorf
207
Vitzdorf
Katharinenhof
Meeschen-dorf
Hinrichsberg 27
Strukkamp
Burgstaaken
Staberdorf
Wulfen
Burgtiefe
Fehmarnsund
Staberhuk
F e h m a r n s u n d
Fehmarnsundbrücke
S 300
Graswarder
Großenbroder-fähre
Heiligenhafen
Heiligen-hafen-O.
2
Großenbrode
Johannistal
Klaustorf
Lütjenbrode
Großenbrode-Kai
Dazendorf
Seekamp
H o h w a c h t e r B u c h t
Teschendorf
Sulsdorf
Wandelwitz
Gremersdorf
Nanndorf
Gremersdorf
Sütel
Altgalendorf
Jahnshof
Neukirchen
Ferienzentrum Weißenhäuser Strand
Groß-wessek
Kröß
Seegalendorf
Hohwacht (Ostsee)
C 306
S 301
Satjewitz
Kraksdorf
Sehlendorf
202
Weißenhaus
Oldenburg i. Holstein
Döhnsdorf
Oldenburg i. H.-M.
Görtz
Siggen
Ehlerstorf
Göhl
Wasbuck
Oldenburg i. H. Süd
Süssau
Kaköhl
Fargemiel
Quals
Johannisdorf
Schwelbek
Nessendorf
Wangels
Rosenfelde
Grammdorf
Gaarz
Oldenburger Graben
501
Kükelühn
Damlos
Koselau
Testorf
Harmsdorf
Grube
Neutestorf
Riepsdorf
Thomsdorf
Schwienkuhl
Güldenstein
Dahme
Mönchneversdorf
Lensahn
Kabelhorst
Gosdorf
Bungsberg 168
Langenhagen
Lensahn
Guttau
Dahmeshöved
Kirchnüchel
Nienrade
Poggenpohl
Schönwalde a. Bungsberg
Halendorf
Manhagen
Beschendorf
1
Cismar
Kellenhusen (Ostsee)
Sievershagen
Sagau
3
Marxdorf
Lenste
Kleinschlamin
Kasseedorf
Sibstin
Bentfeld
C 205
Stendorf
Stolpe
Brenkenhagen
Hasselburg
Krummbek
501
Grömitz
Schashagen
Zarnekau
Plunkau
Altenkrempe
Albersdorf
M e c k l e n b u r g e r
Griebel
Sierhagen
Bliesdorf
Eutin
Vinzier
Merkendorf
Brodau
Röbel
Neustadt i. Holst.
Redings-dorf
Bujendorf
Rettin
76
Neust. i. H.-Mitte
Pelzerhaken
Övelgönne
Wintershagen
C 203+204
B u c h t
Süsel
2
Riga, Ventspils, Malmö, Trelleborg, Helsinki
Sierksdorf
Ekelsdorf
Lübecker
Eutin
Pönitz a. See
S 202
Bucht
Pönitz
Scharbeutz
Scharbeutz
Ostsee-Therme
Steinbeck
Boltenhagen-bucht
Schürs-dorf
Pansdorf
Timmendorfer Strand
Niendorf
Groß Schwansee
Elmenhorst
Redewisch
Boltenhagen
Luschendorf
Brodtener Steilufer
Brodten
Hohen Schönberg
Grundshagen
Pansdorf
76
Groß Timmendorf
Häven
Barendorf
Tarnewitz
Hemmelsdorfer See
Arpshagen
Christinenfeld
1
Travemünde
Rosenhagen
Neuenhagen
Kalkhorst
Klütz
Wohlenberger Wiek
Rohlsdorf
Goldbeck
Schloss Bothmer
Malkendorf
S 201
Priwall
Harkensee
Kühlenstein
Tarnewitzer-hagen
Wohlenberg
Pötenitzer Wiek
Pötenitz
Rankendorf
K l ü t z e r W i n k e l
Ratekau
Johannstorf
Wieschendorf
Klein Voigtshagen
Welzin
Damshagen
Niendorf
Volkstorf
Roggenstorf
Bössow
Sereetz
Dummersdorf
Parin

203
207

201
202
205
206
E
F
G
H
1
2
3
4
5
6
C 600
C 601
C 602
C 603
C 604
C 605
6
23
431
5
73
495
203
Heide
Heide-Süd
Büsum
Büsumer Deichhausen
Oesterdeichstrich
Reinsbüttel
Wesselburener Deichhausen
Wöhrden
Friedrichsgabekoog
Warwerort
Christianskoog
Speicherkoog
Hochwöhrden
Ketelsbüttel
Lieth
Braaken
Hemmingstedt
Westerwohld
Fiel
Odderade
Lehrsbüttel
Albersdorf
Nordhastedt
Osterwohld
Arkebek
Wennbüttel
Steenfeld
Pemeln
Lütjenwestedt
Tackesdorf
Oldenbüttel
Beldorf
Hademarschen
Grünental
Hanerau-
Gokels
Beringstedt
Barsfleth
Epenwöhrden
Sarzbüttel
Süderau
Tensbüttel-Röst
Bornholt
Thaden
Seefeld
Meldorfer
Bucht
Thalingburen
Dithmarscher Bauernhs.-Mus.
Bargenstedt
Dellbrück
Neuer Meldorfer Hafen
Meldorferhafen
Meldorf
Nindorf
Farnewinkel
Schafstedt
Bendorf
Jarsdorf
Lütjenbornholt
Oersdorf
Aasbüttel
Warringholz
Helmsand
Elpersbüttel
Wolmersdorf
Krumstedt
Eggstedt
Hohenhörn
Bokhorst
Siezbüttel
Eesch
Süderhastedt
Dückerswisch
Besdorf
Busenwurth
Windbergen
Kleinrade
Holstenniendorf
Nienbüttel
Kohlenbek
Schenefeld
Diek-
Wolfenbüttel
Gudendorf
Frestedt
Großenrade
Gribbohm
Hochdonn
Loolt
Kaiserin-Auguste-Viktoria-Koog
Rugenort
Friedrichskoog
Barlt
Hindorf
Quickborn
Brickeln
Wacken
Mehlbek
Kaisborstel
Trennewurth
Sankt Michaelisdonn
Hopen
Burg (Dithmarschen)
Großes Moor
Hamberg
Vaale
Kaaks
Krumwehl
Norderwisch
Buchholz
Kronsaal
Nutteln
Huje
Dieksanderkoog
Helse
Kuden
Aebtissinwisch
Kleve
Westermühlen
Kronprinzenkoog
Volsemenhusen
Dingen
Dingerdonn
Kudensee
Tiefste deutsche Landstelle
Neuendorf b. Wilster
Krummendiek
Edendorf
Marne
Eddelak
Moorhusen
Marnerdeich
Ramhusen
Averlak
Nord-Ostsee-Kanal
Wilster
Averlfleth
Bekdorf
Kaiser-Wilhelm-Koog
Fahrstedt
Ecklakerhörn
Landrecht
Itzehoe
Heiligenstedten
Schmedeswurth
Landscheide
Marner Neuenkoogsdeich
Westerbelmhusen
Westerbüttel
Helser Fleth
Nortorf
Hodorf
Neufeld
Büttel
Stuven
Poßfeld
Dammfleth
Wellenkamp
Neufelderkoog
Nordhusen
Mühlenstraßen
Brunsbüttel
Kernkraftwerk
Kleinarentsee
Kremperheide
Neufelder Watt
Medemsand-insel
Neufelder Sand
Sankt Margarethen
Beidenfleth
Bahrenfleth
Großarentsee
Neuenkirchen
Elbe
NSG
Hamburg-Helgoland 5h(III-X)
Brokdorf
Wewelsfleth
Großwisch
Außendeiche
Elbdeich
Krummendeich
Stellenfleth
Hollerwettern
Stör
Mahrdorf
Belum
Hörne
Balje
Freiburg (Elbe)
Borsfleth
Krempdorf
Otterndorf
Bahrdorf
Süderdeich
Breitendeich
Oederquart
Allwörden
Elskop
Neuhaus (Oste)
Altenwisch
Landesbrück
Holenwisch
Nordertell
Kehdingbruch
Geversdorf
Neuenschleuse
Hollerdeich
Hamelwörden
Glückstadt
Herzhorn
Osterbruch
Wischhafener Schleusenfleth
Laak
Seeweg
Dösemoor
Süderteil
Sprenge
Cadenberge
Bruchweg
Wischhafen
Obendeich
Rhinplate
Westercadewisch
Spleth
Ostercade
Bentwisch
Neulandermoor
Neuland
Wildnis
Krautsand
Bielenberg
Hasendorf
Oberndorf
Steindeich
Ihlienworth
Bülkau
Deutscher Olymp
Braak
Isensee
Wolfsbruchermoor
Dornbusch
Wingst
Niederstrich
Mitteltell
Oppeln
Dobrock
Ahrensflucht
Altendorf
Drakenstieg
Kollmar
Bargkamp
Wingst
Achthöfen
Drochtersen
Süderleda
Auedeich
Medemstade
Nordertell
Weißenmoor
Althemmoor
Aschhorn
Odisheim
Bovenmoor
Hemmoor
Osten
Hüll
Ritsch
Süderesterseite
Lauenteil
Balksee
Bröckelbeck
Deutsches Zementmus.
Basbeck
Rönndeich
Großenwörden
Assel
Pagensand
Elbe-Weser-Binnenschifffahrtsweg
Süderteil
Ziegelkamp
Drochtersermoor
Barnkrug
Varrel
Oste
Neuland
Gauensieker-moor
Ritschermoor
Abbenfleth
Steinau
Nordahn
Heeßel
Wohlenbeck
Kleinwörden
Höring
Stinstedt
Georgenhöhe
Westerberg
Hackemühlen
Bornberg
Engelschoff
Hammahermoor
Bützfleth
Bützflethermoor
Neubachenbruch
Moorausmoor
Mittelstenahe
Köven
Wisch
Burg
Groß Sterneberg
Götzdorf
Bederkesaer See
Ihlbeck
Klint
Hechthausen
Staderмoor
Ankelohe
Lamstedt
Niendorf
Laumühlen
Burweg
Himmelpforten
Hammah
Lintig
Kranenburg
Bossel
Haddorf
Meckelstedt
Armstorf
Brobergen
Mittelsdorf
Stade
Langenmoor
Hollen
Oldendorf
Kuhla
Düdenbüttel
Hollnseth
Wöhrden
Dammsknöll
Dieksander-koog
Meerkenstrom
Bekau
Krempe
Drage
Krempermarsch
Kehdingen
Land Kehdingen
Wilstermarsch
Süderhastedt
Sommerkoog-Streetloch
42
53
63
65

202
203
205

A
B
C
D
1
2
3
4
5
6
Itzehoe
Edendorf
Tegelhörn
Oelixdorf
Wellenkamp
Münsterdorf
Lägerdorf
Dägeling
Krempe
Kremper Marsch
Grevenkop
Süderau
Kremperheide
Bahrenfleth
Neuenbrook
Rethwisch
Westerhorn
Wittenbergen
Breitenberg
Kollmoor
Moordiek
Breitenburger Moor
Kronsmoor
Moordorf
Osterhorn
Auufer
Stellau
Wulfsmoor
Wrist
Föhren-Bari
Hingstheide
Mönkloh
Vossbarg
Bokel
Heidmoor
Hörnerkirchen
Krummendieke
Lutzhorn
Wendlohe
Groß Offenseth
Kl. Offenseth-Sparrieshoop
Bad Bramstedt
Fuhlendorf
Weddelbrook
Lentföhrden
Grotmoor
Nützen
Heidkaten
Langelner Heidkaten
Langeln
Kaltenkirchen
Oersdorf
Winsen
Kattendorf
Hüttblek
Kisdorferwohld
Kisdorf
Götzberg
Henstedt-Ulzburg
Ulzburg Süd
Rhen
Wohld
Wakendorf II
Kayhude
Wilstedt
Tangstedt
Hasenmoor
Schmalfeld
Struvenhütten
Bredenbekshorst
Hartenholm
Fuhlenrüe
Weide
Hohenfelde
Bokelseß
Heisterende
Horst (Holstein)
Grönland
Sommerland
Elskop
Herzhorn
Siethwende
Kiebitzreihe
Obendeich
Gehlensiel
Altenmoor
Wildnis
Bielenberg
Steindeich
Moorhusen
Neuendorf b. Elmshorn
Elmshorn
Hanredder
Aspern
Barmstedt
Heede
Hemdingen
Bullenkuhlen
Kölln-Reisiek
Bevern
Alveslohe
Bilsen
Ellerau
Quickbornerheide
Quickborn
Renzel
Seeth-Ekholt
Ellerhoop
Klostersande
Klein Nordende
Ahrenlohe
Tornesch
Kummerfeld
Hohenraden
Borstel-Hohenraden
Tangstedt
Hasloh
Bönningstedt
Norderstedt
Friedrichsgabe
Harksheide
Siedlung Wilstedt
Duvenstedt
Lemsahl-Mellingstedt
Langenhorn
Garstedt
Poppenbüttel
Hummelsbüttel
Wellingsbüttel
Kollmar
Pleien
Seester
Kurzenmoor
Seestermühe
Groß Nordende
Heidgraben
Uetersen
Esingen
Prisdorf
Pinneberg
Rellingen
Egenbüttel
Schnelsen
Fuhlsbüttel
Flughafen Hamburg
Bramfeld
HAMBURG
Pagensand
Elbe
Schlickburg
Neuendeich
Moorrege
Haselau
Oberglinde
Unterglinde
Appen
Heist
Haseldorf
Haseldorfer Marsch
Scholen
Etz
Halstenbek
Waldenau-Datum
Schenefeld
AOL-Arena
Lokstedt
Stellingen
Eimsbüttel
Barmbek
Wandsbek
Abbenfleth
Bützfleth
Hohenhorst
Götzdorf
Stadersand
Bassenfleth
Speersort
Twielenfleth
Holm
Holmer Sandberge
Hetlingen
Haidehof
Sülldorf
Osdorf
Altona
St. Pauli
Freilichtmuseum
Hollern
Altes Land
Grünendeich
Steinkirchen
Mittelnkirchen
Guderhandviertel
Wedel
Schiffsbegrüßungsanlage
Rissen
Blankenese
Hinterbrack
Borstel
Agathenburg
Dollern
Hagen
Jork
Königreich
Cranz
Nincop
Neuenfelde
Finkenwerder
Francop
Köhlbrandbrücke
Wilhelmsburg
Moorburg
Helmste
Deinste
Horneburg
Neuenkirchen
Ladekop
Estebrügge
Rübke
Dammhausen
Neukloster
Hedendorf
Nottensdorf
Issendorf
Bliedersdorf
Buxtehude
Petri-Kirche
Neugraben-Fischbek
Neu Wulmstorf
Harburg
Ehestorf
Naturpark
Harburger Berge
Freilichtmus.
Vahrendorf
Neuland
Bullenhausen
Over
Frankenmoor
Ohrensen
Bargstedt
Harsefeld
Ruschwedel
Grundoldendorf
Ottensen
Ovelgönne
Ketzendorf
Wulmstorf
Daerstorf
Meckelfeld
Griemshorst
Hollenbeck
Kakerbeck
Immenbeck
Pippensen
Ardestorf
Schwiederstorf
Elstorf
Apensen
Daensen
Nindorf
Moisburg
Eversen
Kammerbusch
Ahlerstedt
Revenahe
Beckdorf
Goldbeck
Rahmstorf
Grauen
Langenrehm
Tötensen
Fleestedt
Seeve
Hörsten
Klethen
Ahrensmoor
Sauensiek
Staersbeck
Appel
Rade
Oldendorf
Nenndorf
Hittfeld
Maschen
Bokel
Wiegersen
Regesbostel
Wohlesbostel
Ahrenswohlde
Klein Wohnste
Holvede
Hollenstedt
Dibbersen
Klecken
Helmstorf
Harmstorf
Groß Wohnste
Halvesbostel
Wenzendorf
Steinbeck
Dierstorf
Vaensen
Bendestorf
Buchholz
C 605

203
204
E
F
G
H
1
2
3
4
5
6
C 200
C 107
S 106
C 105
C 104
C 102
S 101
C 103
C 100
Lübeck
Marienkirche
Holstentor
Bad Segeberg
Segeberger Höhle
Bad Schwartau
Stockelsdorf
Reinfeld (Holstein)
Bad Oldesloe
Bargteheide
Ahrensburg
Großhansdorf
Trittau
Großensee
Ratzeburg
Mölln
Naturpark Lauenburgische Seen
Lauenburg
Schwarzenbek
Sachsenwald
Reinbek
Glinde
Geesthacht
Lauenburg/Elbe
Älteste Schleuse Europas
Boizenburg/Elbe
Büchen
Elbe-Lübeck-Kanal
Elbe
Trave
Wakenitz
Ratzeburger See
Schaalsee
Winsen (Luhe)
Dummersdorf
Herrenwyk
Blankensee
Groß Grönau
Berkenthin
Breitenfelde
Hornbek
Sahms
Gudow
Zarrentin

IMPRESSUM

Verantwortlich: Kerstin Thiele
Lektorat: Michaela Zelfel
Layout: Eva-Maria Klaffenböck
Repro: LUDWIG:media
Kartografie: Kartographie Huber, Heike Block
Herstellung: Anna Katavic
Printed in Turkey by Elma Basim

Sind Sie mit diesem Titel zufrieden? Dann würden wir uns über Ihre Weiterempfehlung freuen. Erzählen Sie es im Freundeskreis, berichten Sie Ihrem Buchhändler, oder bewerten Sie bei Onlinekauf. Und wenn Sie Kritik, Korrekturen, Aktualisierungen haben, freuen wir uns über Ihre Nachricht an Bruckmann Verlag, Postfach 40 02 09, D-80702 München oder per E-Mail an lektorat@verlagshaus.de.

Unser komplettes Programm finden Sie unter www.bruckmann.de

In diesem Buch wird aus Gründen der besseren Lesbarkeit das generische Maskulinum verwendet. Weibliche und anderweitige Geschlechteridentitäten werden dabei ausdrücklich mitgemeint, soweit es für die Aussage erforderlich ist.

Bildnachweis: Alle Bilder stammen von Marion und Robert Landwehr, mit Ausnahme von: S. 73 Tourismus-Service Heiligenhafen/Oliver Franke; S. 75 o und u. Izabela Mittwollen; S. 172 Katja Herrmann

Umschlagvorderseite: Idylle mit Schäfchen auf der Halbinsel Eiderstedt
Umschlagrückseite: Reetgedeckte Häuser sind charakteristisch für den hohen Norden.

Die Deutsche Nationalbibliothek verzeichnet diese Publikation in der Deutschen Nationalbibliografie; detaillierte bibliografische Daten sind im Internet über http://dnb.d-nb.de abrufbar.

ISBN 978-3-7343-2586-1